英語の面接
直前5時間の技術

花田七星 著

はじめに

「英語を使う職場で働きたい！」「海外で働きたい！」 私は職業柄、そのような夢を持つ学習者によく出会います。彼らにはまずこう言います。「よし、やってみよう！」と。やると決めたら、英語面接が待っています。

その反対で、英語が苦手なのに、就職・転職のためには英語面接が避けられない。そんな人もたくさんいます。ゆううつでしょうが、やるからにはいい結果を出しましょう。大丈夫、苦手は苦手なりに、コツをつかめばうまく行くもの。面接に当たって多くの人が「**何をどう準備すればいいの？**」「**自信がなくて……**」と悩みますが、この悩みに初級者・上級者の別はありません。

本書は**英語面接でよく聞かれる5つの質問**にテーマを絞り、答え方を順次マスターしていく構成になっています。**面接官が本当に知りたいこと**を考えて、サンプルを手本に**あなた自身の答え**を用意しましょう。最初は遠回りに思えるかもしれませんが、「その言葉が聞きたかった！」と面接官の心をつかむために、これは必須のプロセスです。

「えー、対策本でフレーズ丸暗記するのじゃダメ？」というぼやきが聞こえてきそうですが、**敢えてそうしない**ことが「自信」に、ひいては「採用」につながるのです。面接での自信とは、**自分の経験・体験を自分の言葉で伝えられるということ。面接官は英語の流暢さや表現の「かっこよさ」以前に、この点に注意してあなたを見ている**ことを忘れないでください。

でも、難しく考える必要はありません。考え方のポイント、そして伝え方のコツをしっかり伝授しますから、ぜひ安心してついて来てください。これから5時間、皆さんをしっかりサポートさせていただきます。本番が近づくにつれ自信がどんどんわいてくるはず。さあ、一緒に頑張りましょう！

花田七星

目　次

はじめに …………………………………………………………… 002
英語の面接は直前5時間で勝負！………………………………… 006
この本の使い方 …………………………………………………… 008

本番まであと5時間!!

オリエンテーション ……………………………………… 011
Unit 1　「自己紹介してください」に備える55分 ……… 017
到達度チェックリスト …………………………………… 048

本番まであと4時間!!

Unit 2　「あなたの強みは何ですか？」に備える60分 ……… 049
到達度チェックリスト …………………………………… 072

本番まであと3時間!!

Unit 3　「一番の弱点は何ですか？」に備える60分 ……… 073
到達度チェックリスト …………………………………… 092

Unit 1 と Unit 4 では、🛡職歴が短い人と ⬆職歴が長い人で異なるページを学習します。

本番まであと2時間!!

| Unit 4 | 「5年後はどうなっていたいですか?」に備える60分 ··· 093 |
到達度チェックリスト ·· 122

本番まであと1時間!!

| Unit 5 | 「何か質問はありますか?」に備える60分 ············· 125
到達度チェックリスト ·· 135
「お疲れさま!」その前に…「お礼メール」サンプル ············· 137

表現のヒントがすぐ見つかる!
機能別フレーズ集
質問別に答え方の例を掲載

「自己紹介してください」🛡 ·· 138
「自己紹介してください」⬆ ·· 144
「あなたの強みは何ですか?」······································ 147
「一番の弱点は何ですか?」·· 152
「5年後はどうなっていたいですか?」🛡 ····················· 156
「5年後はどうなっていたいですか?」⬆ ····················· 160
「何か質問はありますか?」·· 163

005

英語の面接は直前5時間で勝負!

本書の内容は、**5時間後に英語面接に臨むこと**を想定して、**本番までの時間をカウントダウン**しながら進みます。面接官からよく聞かれる5つの質問にテーマを絞り、口頭練習を繰り返しつつ効果的な答え方をマスターしていく仕組みです。

本番まであと5時間!!

【オリエンテーション】 5分
- 面接の基本マナーである**握手とアイコンタクト**のコツを覚えます。
- 企業について**事前リサーチ**する際に押さえるべきポイントを学びます。

【「自己紹介してください」に備える】 55分
- 簡単なようで難しい!? 面接官が聞きたい自己紹介を身に付けます。
- あなたの職歴の長短によって、参照ページが異なります。
  📕(職歴が短い人向き)と ⬆(職歴が長い人向き)のマークを目印にしてください。

本番まであと4時間!!

【「あなたの強みは何ですか?」に備える】 60分
- 主張するだけでは信じてもらえない! 具体的で説得力ある話し方をマスターします。

本番まであと3時間!!

【「一番の弱点は何ですか?」に備える】 60分
- 嘘はダメ。でも、正直なだけでもダメ!? 弱点をひとひねりして強みに変える極意を学びます。

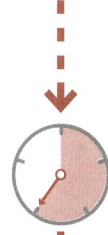

本番まであと2時間!!

【「5年後はどうなっていたいですか?」に備える】 60分

- 個人的な予定のことではありません。「この人ならうちで働ける」と面接官を納得させるツボを押さえます。
- あなたの職歴の長短によって、参照ページが異なります。
 ▌(職歴が短い人向き)と ↑(職歴が長い人向き)のマークを目印にしてください。

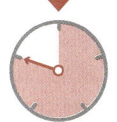

本番まであと1時間!!

【「何か質問はありますか?」に備える】 60分

- 尋ねるべき質問には型があります。面接の最後に好印象を残すよう、何度も口頭で練習します。

さあ、面接会場へ向かいましょう!

ここまで準備すれば、もう不安はありません。
本番でも落ち着いて、堂々と受け答えしましょう。
行ってらっしゃい!

この本の使い方

各ユニットの学習は①〜⑪の順番で進めます。
※「オリエンテーション」(p. 11〜p. 16)および
「Unit 5」(p. 125〜p. 137)は構成が異なります。

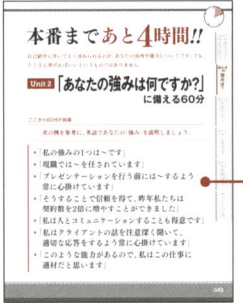

①ユニットの目標を確認
本書では英語面接でよく聞かれる5つの質問に対する答え方を、5ユニットに分けて学びます。ここに挙げられた日本語フレーズを1時間後に英語で言えるようになる！　それが目標です。どんなフレーズで表せるか、ページをめくる前にちょっと考えてみましょう。

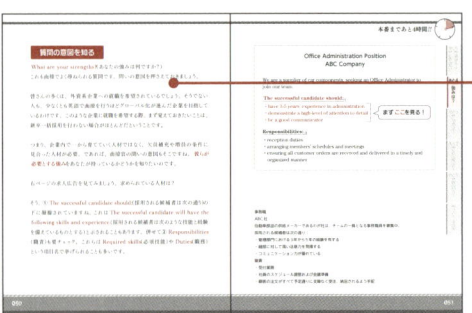

②面接官は何を知りたい？
面接では、質問の意図(どうして尋ねるのか)を知らないと的外れな答えをしかねません。しっかり解説を読んで面接官の狙いを頭に入れましょう。

③答えるコツは？
質問の意図を踏まえて無理・無駄なく答える秘けつを知りましょう。具体的にどんな表現を使うかについては、これから練習していきます。

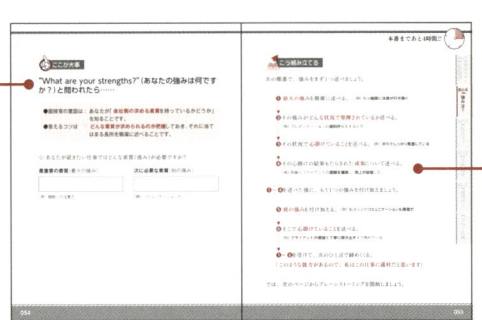

Unit 1 と Unit 4 では、🛡職歴が短い人と
⬆職歴が長い人で異なるページを学習します。

⑤ メモを書き出す
ここからは「ブレーンストーミング」。面接で使う表現を作っていきます。日本語と英語の両方で要点を書き出し、自分の体験に照らして考えるコツを学びましょう。

⑥ サンプルで口慣らし
音声を再生し、サンプル英文を口に出して繰り返しましょう。英文中の / を目印に、1度に言う部分を徐々に長くしていきます。英文の下線部は重要箇所。解説をしっかり読みましょう。

⑦ 自分のせりふを作る
空欄を埋めてあなた自身を表す英文を完成しましょう。音声を再生すると文頭のみナレーションが聞こえますので、それに続けてあなたのせりふを言ってください。

④ 全体像をつかむ
どんな趣旨の文をどんな順に並べて答えを組み立てるか確認しましょう。

- 弊社制作の音声CDは、CDプレーヤーでの再生を保証する規格品です。
- パソコンでご使用になる場合、CD-ROMドライブとの相性により、ディスクを再生できない場合がございます。ご了承ください。
- パソコンでタイトル・トラック情報を表示させたい場合は、iTunesをご利用ください。iTunesでは、弊社がCDのタイトル・トラック情報を登録しているGracenote社のCDDB（データベース）からインターネットを介してトラック情報を取得することができます。
- CDとして正常に音声が再生できるディスクからパソコンや mp3プレーヤー等への取り込み時にトラブルが生じた際は、まず、そのアプリケーション（ソフト）、プレーヤーの製作元へご相談ください。

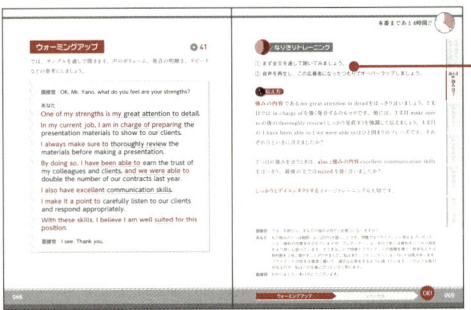

⑧ お手本をまねする
模範解答をオーバーラップ(ナレーションにかぶせながら声に出して読む練習)しましょう。発音、スピード、感情の込め方などもまねするつもりで読みましょう。

⑨ 台本を覚える「自主練」
⑦のフレーズを書き込んで、あなた自身の面接用台本を作成。音声には文頭のみ収録されており、せりふを繰り出すタイミングをあなたに知らせます。繰り返し読んで台本全体を覚えてください。

⑩ 本番のつもりで勝負
テキストを伏せて音声を再生し、面接官の質問に答えられるか挑戦。音声には小さな声で文頭のみ収録されており、せりふを忘れたあなたをそっと助けます。

⑪ 目標到達度をチェック
ユニットの始めに設定した目標フレーズを、英語できちんと言えるようになったか確認してください。

「機能別フレーズ集」音声ダウンロードのご案内

巻末の「機能別フレーズ集」の音声ファイル(mp3)は、ダウンロードしてご利用ください。下記のリンクにアクセスし、『英語の面接　直前5時間の技術』を選択(または商品コード「7015062」を入力)してください。

ALC Download Center(PC専用)　https://portal-dlc.alc.co.jp
booco(スマートフォン・アプリ)　https://booco.page.link/4zHd

本番まであと5時間!!

日本語の面接だって苦手なのに、英語となると……。その不安、5時間あれば解消できます。「考え方」と「伝え方」のコツをつかんで、アピール上手になりましょう。では、本番に向けてカウントダウン開始です！

最初の5分で学ぶこと

「握手」「アイコンタクト」「事前リサーチ」のポイントを知りましょう。

オリエンテーション 【英語面接の基本マナーを知る】

就職・転職を考えている皆さん、こんにちは！ コーチの花田七星です。「英語で面接を受けるなんて難しそう」と思いますよね。しかし、このハードルを乗り越えると、今後のキャリアで可能性が大きく広がります。これから5時間でしっかりとポイントを押さえれば大丈夫！

ただし、頻出フレーズを丸覚えするだけでは、あなたの人となり、経験、熱意が面接官に伝わりません。**あなたらしさを出すことを目指して、面接で実際に使うせりふをページに書き込みながら**練習していきましょう。5時間後、この本は「あなただけの台本」になるはずです。

011

せりふの練習に入る前に、まず知っておきたいポイントは次の3つです。
- ❶ 握手
- ❷ アイコンタクト
- ❸ 事前リサーチ

❶ **握手**は**互いの距離**を見て判断します。

面接室に入ったら、まずは面接官と笑顔で握手をしましょう。日本で面接というと、面接官が部屋の奥に座り、あなたとの間に一定の距離が保たれるイメージがあるでしょう。一方、英語で行う面接では、無理なく握手できる程度に互いの距離が近いのが通常です。

ただし、企業によっては日本的な会場設定をしています。握手の要不要は座席間の距離を見てその場で最終判断しましょう。下図のように離れて相対するなら握手は不要です。

面接官に近づいて握手する
必要はありません。

本番まであと5時間!!

下図のように机を挟んで近く向き合う場合は、しばしば握手が求められます。

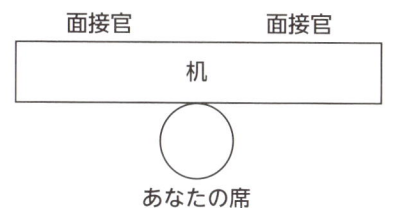

面接官1人ずつと握手をしましょう。

握手にはコツがあります。しっかりとした握手をすれば、**自信にあふれ、リーダーシップを取れるあなた**をアピールできますが、ここでうっかりやりがちなのが次の「ダメな握手」です。

NO! 握り返さない握手はダメ！

左の手が悪い例です。このように脱力すると自信のなさそうな印象を与えます。**しっかり握り返す**ように心掛けましょう。

NO! 指先だけの握手もダメ！

これも左の手が悪い例。相手の指先だけを握ると、まるで意図的に避けようとしているように思われますよ。潔癖症の人もここは我慢して、手のひら全体で握り返しましょう。

NO! 意外!?　両手での握手もダメです！

両手での握手は心がこもっていると勘違いしがちですが、実は懇願している印象を与えます。別名politician's handshake(政治家の握手)と呼ばれ、選挙活動中の政治家が支持を求めて行うもの。いくら採用してもらいたくても、面接の場では片手で握手するのが基本です。

本番まであと5時間!!

❷ アイコンタクトはちょっとしたコツでうまくいきます。

皆さんは人と話すときに、相手とアイコンタクト(目を合わせること)をしていますか？　気心の知れた人以外、なかなか目を見て話すことはないでしょう。緊張する面接でのアイコンタクトは特に難しいでしょうが、次のA または Bの方法で乗り切りましょう。

A. 目に近い他の場所(眉間、まぶた、鼻)を見ます。

●の付いた箇所のいずれかを見ましょう。これなら抵抗感が少し薄れませんか？

B. 相手の両目を同時に見ようとせず、片方ずつ交互に見ます。

物理的にも両目を合わせることは難しいです。相手の左右の目を10秒、または15秒ずつ交互に見ていきましょう。

面接官が複数いる場合はどうすればいいでしょうか？　まず、面接官が話すときにはその人とアイコンタクト。自分が話す番になったら、面接官全員と順次アイコンタクトを交わしましょう。

015

❸ **事前リサーチは必須**です。

あなたが転職したい企業や業界のことは必ずリサーチしてください。これは面接準備の大前提です。押さえておきたいことは以下の3点。

- その企業の**理念**、**目標**は？
- その企業に関する**最新ニュース**は？
- 業界における立ち位置、つまり**その企業を際立たせている特徴**は？

次のページから、面接でよく聞かれる5つの質問をテーマに、あなた自身の受け答えを組み立てて、口頭で表現する練習をしていきます。これから効率的に考えていくためにも、上記の企業情報が非常に役立ちますよ。十分なリサーチなしに成功は勝ち取れません！

まずは相手を知ることが大事です。

本番まであと5時間!!

Unit 1 「自己紹介してください」に備える55分

ここから55分の目標

大学卒業後の職歴がまだ短く、転職を希望する人は…

次の例を参考に、英語で自己紹介できるようになりましょう。

- 「私は大学で〜を学びました」
- 「顧客と効率的にやり取りする方法を学びました」
- 「そのような〜を通して〜に興味を持つようになりました」
- 「現在の職場で〜についての研修に参加しています」
- 「特に〜に興味がありますので、このお仕事の機会に大変意欲を感じております」

現職に長く就いており、キャリアアップを目指して転職したい人は次のページを参照してください。

 ここから55分の目標

現職が長く、キャリアアップを目指して転職したい人は…

次の例を参考に、英語で自己紹介できるようになりましょう。

- ▶「私は顧客サービスに携わって7年になります」
- ▶「直近では2年連続で最優秀顧客サービス賞を受賞しました」
- ▶「過去3年で〜を20パーセント上昇させました」
- ▶「特に〜な環境でさらに責任を引き受けていきたいと考えております。ですから、このお仕事に意欲を感じております」

質問の意図を知る

Tell me about yourself.（自己紹介してください）

これはほぼ80パーセント以上の確率で、面接の最初に聞かれる質問です。まずは質問の意図を押さえておきましょう。

この質問で面接官が知ろうとしていることは次の3つです。
- ❶ あなたがしっかりと自信を持って話せるか。
- ❷ あなたが初対面の人にどのような印象を与えるか。
- ❸ なぜ応募しているのか(応募の動機は何か)。

❶ 自信と熱意について

最初の質問を聞かれるときには、どの応募者も緊張します。でも、少しくらい緊張しても、少々英語でつまずいても、大丈夫。鉄則は、ここであなたが自信と熱意を持って話すことです。アイコンタクト、ジェスチャーを使って「伝えたい」という熱意を表してください。

❷ 第一印象について

あなたが採用されることになれば、面接官にとってあなたは部下や同僚となります。つまり、一緒のチームで働くメンバーとなるわけです。また顧客サービスや営業の仕事では、顧客に与える印象も重要です。

❸ 応募動機について

「自己紹介してください」は一見したところ、自由に答えていい質問のように思えます。しかし、面接官は募集中の仕事に無関係なことを聞いているわけではありません。ここではあなたの経歴、資格、経験が、応募している仕事にいかに適しているかを示すよう求められているのです。

NO! 言ってはいけない！

× "Well, I was born in Kyoto but moved to Tokyo when I was 20 ..."
（ええと、私は京都生まれですが20歳で東京に引っ越して……）

× "I love watching American dramas in my free time."
（私は暇なときにアメリカのドラマを見るのが大好きです）

もしあなたが面接の準備をせずに自己紹介を求められたら、思わず上のように答えてしまうのではないでしょうか。確かにデートや飲み会にはいい話題ですが、ここはあくまでも面接の場。あなたの生い立ちや趣味について尋ねられているわけではありません。

では、どう答えればいいのでしょうか？

面接官が聞きたいことは…

本番まであと5時間!!

 ここが大事

"Tell me about yourself."（自己紹介してください）と言われたら……

- 面接官の意図は：「あなたと一緒に働けるか」「あなたが**募集中の仕事に向いているかどうか**」を知りたいのです。
- 答えるコツは　：「**応募している仕事**を念頭に置き、**それに就くための経歴、資格、経験のキーワード**を織り込みながら話すこと」です。

ここで大きな目標として、あなたが希望する仕事を書いてみてください。この仕事に就くために、次ページからあなたの表現を組み立てていくことになります。

☆あなたが就きたい仕事は何ですか？（日本語で書きましょう）

[   ]

(例) グローバル企業での顧客サービス

 こう組み立てる

自己紹介を完成させるためには幾つか押さえるべきポイントがありますが、それらは職歴の長短によって異なります。

 大学卒業後の職歴がまだ短い人は次の内容を❶〜❺の順番に述べるのがコツです。英語ではどう言えばいいか、1つ1つ練習していきましょう。

❶ まず、学生時代の**専攻**や、学外・職場外での**活動経験**のうち、応募職種に関連あるものを選ぶ。
(例) 消費者心理学

❷ そこで**体験したこと、学んだこと**を述べる。
(例) **顧客**と効率的に**やり取りする**方法を学んだ

❸ その体験を通して**興味を持ったこと**を述べる。
(例) **顧客サービス**に興味を持った

❹ その後、**実行したこと、実行中のこと**を述べる。
(例) 顧客サービスの**研修に出席**している

❺ 今後やりたいことを**応募動機**に結び付けて述べる。
(例) **グローバル企業での顧客サービス**に携わりたい

 ブレーンストーミング(p. 24)へ進んでください

本番まであと5時間!!

現職に就いている期間が長く、キャリアアップのため転職したい人は次の❶〜❸を順番に述べていきましょう。英語ではどう言うのか、こちらも順番に学んでいきましょう。

❶ まず、**現在の職務に就いている期間**を述べる。
(例) **顧客サービスの分野に7年間**携わっている

❷ **直近の業績**や**実務経験**を述べる。
(例) **最優秀顧客サービス賞**を受賞した

❸ **応募動機**を述べる
(例) 特に**グローバル企業での顧客サービスでさらに責任を引き受けたい**

 ブレーンストーミング(p. 34)へ進んでください

ブレーンストーミング　職歴は短いけど熱意は一人前！

まだベテランじゃないけれど、転職したい。そんなあなたはここからスタート。
❶〜❺の順にメモを書き出しながら段階的に考えていきましょう。

❶ これまでの活動

> 学生時代の専攻は何ですか？　また、学校や職場の外ではどんな活動に取り組みましたか？

【日本語メモ】　まず日本語で書き出しましょう。

（例）消費者心理学／外国人観光客向けボランティアガイド

【英語メモ】　日本語メモを基に英語で要点を書きましょう。

（例）consumer psychology／volunteer guide for foreign tourists

考え方

- 応募する仕事につながりのある経験や活動を探しましょう。
- 学校での専攻が応募職種とあまり関係ない場合があるかもしれません。その場合は、専攻外で取った授業も含めて考えてみましょう。他にも、ボランティア、アルバイト、習い事などの経験はありませんか？

本番まであと5時間!!

サンプルをリピート　　　　　　　　　　🔴 01〜02

音声を再生すると、/ でポーズ(間)が入ります。ポーズまでをひといきに言うつもりで、1度に言う箇所を徐々に長くしながら繰り返しましょう。

Well, I studied / consumer psychology / at college.
(私は大学で消費者心理学を学びました)

Well, I worked / as a volunteer guide / for foreign tourists / one summer.
(私は外国人観光客向けのボランティアガイドとしてひと夏働いたことがあります)

自分のコトバで　　　　　　　　　　🔴 03

サンプルの色文字箇所を参考に、空欄を埋めて自分のせりふを完成しましょう。その後で音声を再生し、文頭に続けて言いましょう。(音声は文頭のみ収録)

Well, I _____ .

 伝え方

・過去の出来事なら、動詞は過去形です。今も引き続き行っていることなら、have been 〜ingを使って I have been working as a volunteer guide for foreign tourists.(私は外国人観光客向けのボランティアガイドとしてずっと働いています)のように言ってみましょう。

※巻末の「機能別フレーズ集」(p. 138)も参考にしてください。

何をして　何を学んで　何に興味を　何を実行し　応募動機は　**完成**

025

❷ 体験と学び

> ❶に取り組む中でどんな体験をして、何を学びましたか？

【日本語メモ】

1. どんな体験
2. 学んだこと

(例) 1. 幾つか授業を取った／多くの団体旅行客を案内した
  2. 顧客とのやり取り／英語でのやり取り

【英語メモ】

1.
2.

(例) 1. took several classes／guided many tourist groups
  2. how to communicate with customers／how to communicate in English

考え方

- ここでも**応募職種につながる体験**がポイント！　例えば、顧客サービスに応募するなら、過去の体験から「人とのやり取り」にかかわることを探してみましょう。秘書業に応募するなら、「アルバイト先でメンバーのシフト管理をした」などでもいいですね。また、「今は営業マンだけど、商品開発部に転職したい」という人もいるでしょう。現職(営業)をこなす傍ら、「こんな商品が欲しい」という消費者の声を耳にしたことはありませんでしたか？

本番まであと5時間!!

 サンプルをリピート ポーズを目印に繰り返し。 🔴 **04〜05**

<u>I took</u> several classes / <u>in which I was able to learn</u> / <u>how to effectively communicate with customers</u> / both orally and in writing.
(授業を幾つか取って、口頭および書面で顧客と効率的にやり取りする方法を学ぶことができました)

I guided many tourist groups / and learned how to effectively communicate in English / orally and by using gestures.
(多くの団体旅行客を案内し、口頭で、またジェスチャーを使いながら、うまく英語でやり取りする方法を学びました)

 自分のコトバで 文頭に続けて言いましょう。 **06**

I _____

_____.

🔸 伝え方

- I was able to *do* で「〜できた」という意味です。**ひと固まりで覚え、ひと固まりで発音しましょう。**
- how to の後(下線部)が一番重要です。そこを強調して読みましょう。
- 不規則動詞の過去形の発音に気を付けましょう(take の過去形 took[túk]や、read の過去形 read[réd]など)。発音は電子辞書でチェック。またはインターネットで how to pronounce 〜(〜に知りたい語を入れてください)と検索すれば聞けますよ。

❸ 興味を持ったこと

> ❷の体験を通し、何に興味を持つようになりましたか？

【日本語メモ】

(例) 顧客サービス

【英語メモ】

(例) customer service

考え方

- ここでは直球の答えが必要。ずばり、**応募中のその仕事に興味を持った**と言うべきところです。
- 当然ながら、前もって**求人広告にしっかりと目を通し**、募集されている**職種をしっかりと理解しておく**ことが欠かせません！

「これって何の仕事ですか？」という態度は絶対ダメ！

本番まであと5時間!!

 サンプルをリピート ポーズを目印に繰り返し。 ● 07

Through those classes, / I came to be interested in / a career in customer service.
(そのような授業を通して、顧客サービスの分野で働くことに興味を持つようになりました)

 自分のコトバで 音声は文頭のみ！ あとは自力で。 ● 08

Through _____, I came to be interested in _____.

伝え方

- in a careerではinとaをつなげて発音する点に注意しましょう。
- Through those classesの代わりにThrough this experience(この経験を通して)と言ってもかまいません。
- I came to be interested in ～ で「～に興味を持つようになった」という意味。inの後に動詞を入れる場合は～ing形(～すること)にしましょう。
- 緊張をほぐすためにジェスチャーを使うのも有効です。I(私は)で手のひらを胸に当てながら言うと少し落ち着きますし、自然に見えます。

❹ 実行したこと、実行中のこと

> 興味を持った後に、何を実行していますか？

【日本語メモ】

(例) 顧客サービスについての研修に参加中

【英語メモ】

(例) attending workshops on customer service

考え方

- 「特に何もしていない」？　よく考えてみてください。**意外なことが仕事につながっている**ものです。例えば、よく買い物に行く人はさまざまな店の顧客サービスを観察していると言えませんか？　買い物は市場調査や業界調査でもありますよ！　あまり堅く考えず、柔軟にとらえましょう。以下に役立つフレーズを紹介しますので使ってみてください。

「さまざまな店の(顧客サービス)を実地調査する」
observe customer service **in practice at various shops**
「市場調査を行う」**do market research**
「業界調査を行う」**do industry marketing research**

本番まであと5時間!!

 サンプルをリピート ポーズを目印に繰り返し。　⏵ 09

In addition, / I have been attending workshops / on customer service / at my current workplace.
（それに加えて、現在の職場で顧客サービスについての研修に参加しています）

 自分のコトバで 文頭に続けて言いましょう。　⏵ 10

In addition, I _____
_____ .

 **伝え方**

- In addition の In と a は自然に音がつながります。まねして発音しましょう。
- at my current workplace（現在の職場で）の他、in my free time（暇なときに、自由時間に）、on weekends（週末に）、once a month（月に1度）なども使えます。
- at my previous workplace（前の職場で）と組み合わせるなら過去形で I attended 〜（〜に参加しました）のように言いましょう。

ショッピング＝調査。
言い方次第であなたが
輝きます。

❺ 応募動機

> なぜこの会社で働きたいのですか？

【日本語メモ】

に興味があるから

(例) グローバル企業の顧客サービスで働くこと(に興味があるから)

【英語メモ】

interested in

(例) (interested in) working in customer service at a global company

🤔 考え方

- ❶～❹では自分の興味・関心を軸に、今回の応募に至る過程を述べました。❺では<u>なぜ他社でなくこの会社を選ぶのか</u>を述べましょう。<u>応募する会社の特徴を押さえること</u>が重要です。
    - (例) これまでは国内業者向けに販売を担当した→これからは<u>海外進出している企業</u>で販売に携わりたい
    - (例) 旅行会社に興味を持った→<u>特にインバウンドのツアーに力を入れている企業</u>で働きたい

本番まであと5時間!!

 サンプルをリピート ポーズを目印に繰り返し。 ⏵ 11

I'm ①especially interested in / working in customer service at a global company, / so I'm particularly ②excited about this opportunity.
（私は特にグローバル企業の顧客サービスで働くことに興味がありますので、このお仕事の機会に大変意欲を感じております）

 自分のコトバで 文頭に続けて言いましょう。 ⏵ 12

I'm ①especially interested in ＿＿＿＿＿＿＿＿＿＿＿＿＿＿＿＿＿＿＿＿, so I'm particularly ②excited about this opportunity.

伝え方

- ここは「どうしても御社で働きたい！」という熱意を伝えるところです。①と②を強調して心を込めて言いましょう。especially が覚えられない、あるいは発音しづらい場合は really（本当に、実に）を使ってもOK。
- ①では interested の d と in の i の音をくっつけて発音します。
- ②では excited の d と about の a がくっつきます。そして、about の t は this の th とくっつき、聞こえなくなります。abou this と発音するといいですよ！

 次はウォーミングアップ(p. 40)へ

ブレーンストーミング　キャリアアップ組は経験をアピール

既にある程度の経歴がある人は、業績や評価を交えて自己紹介してみましょう。

❶ 現職にある期間

> 現在の職務に**どれくらいの期間**携わっていますか？

【日本語メモ】　まず日本語で書き出しましょう。

1. 現在の職務は
2. 期間は

- -

（例）1. 顧客サービス　　2. 7年

【英語メモ】　日本語メモを基に英語で要点を書きましょう。

1.
2.

- -

（例）1. customer service　2. seven years

考え方

- 部署名から一般に想定される仕事内容と、実際の業務が異なる人もいるでしょう。ここではできるだけ、**応募中の仕事に関連のある要素**を探しましょう。
  （例）「商品開発部」にいるが、中心的な業務は顧客アンケートの作成と管理。このたび顧客サービスの仕事に応募中。⇒そんな人は部署名でなく、顧客アンケート関連の職務について述べると有益です。

本番まであと5時間!!

 ◎ 13

音声を再生すると、/ でポーズ(間)が入ります。ポーズまでをひといきに言うつもりで、1度に言う箇所を徐々に長くしながら繰り返しましょう。

Well, I have been in customer service / for seven years.
(私は顧客サービスに携わって7年になります)

 ◎ 14

サンプルの色文字箇所を参考に、空欄を埋めて自分のせりふを完成しましょう。その後で音声を再生し、文頭に続けて言いましょう。(音声は文頭のみ収録)

Well, I _____ for _____.

伝え方

- 前職について言う場合は、I was in customer service(顧客サービスに携わりました)のように過去形を使いましょう。
- 期間に当たる箇所(下線部)ははっきりと強調して言いましょう。
- 「〜年以上」は for over 〜 years と表します。ちなみに、「10年(a decade)以上」なら for over a decade と言えばOK。

※巻末の「機能別フレーズ集」(p. 144)も参考にしてください。

| 現職の期間は | 業績や経験は | 応募動機は | 完成 |

035

❷ 業績や経験

直近の業績は何ですか？　または、どんな実務経験がありますか？

【日本語メモ】

(例)最優秀顧客サービス賞を受賞／顧客満足度を過去3年で20パーセントアップ

【英語メモ】

(例) awarded the Best Customer Service Award／
increased customer satisfaction levels by 20 percent over the past three years

考え方

- 「大した業績がない！」と焦らないでください。小さなことでもいいので、やったことを具体的に述べましょう。例えば、会議であなたの提案が受け入れられたことはありませんか？　また、上司からの評価・考課はどうですか？ プロジェクトの大小にかかわらず、リーダーになったことはありませんか？
- increase ～ by ... percentで「～を…パーセント増やす」、over the past ～ yearsで「過去～年にわたって」の意味です。

本番まであと5時間!!

サンプルをリピート
ポーズを目印に繰り返し。最後は2文続けてリピート。　🔊 15〜16

Most recently, / I was awarded the Best Customer Service Award / for the second year in a row. / In addition, / our team has increased customer satisfaction levels / by 20 percent / over the past three years.

(直近では2年連続で最優秀顧客サービス賞を受賞しました。また私たちのチームは過去3年で顧客満足度を20パーセント上昇させました)

自分のコトバで
各文の文頭に続けて言いましょう。　🔊 17

Most recently, I _____.

In addition, _____.

伝え方

- 文と文の間(in a rowとIn additionの間)にひと呼吸置きましょう。
- **for the second year in a row**で「(前年に引き続き)2年連続で」の意味です。断続的なら**I have received 〜 twice in the past five years.**(過去5年間で〜を2回受賞しました)のように言えます。下線部は3回以上なら(　)timesとなり(　)に数字が入ります。
- 自分の業績です。自信を持って！　×This is not a big deal.(大したことではありません)などの謙遜の言葉は避けましょう。
- アイコンタクトを忘れずに！　そうしないと自信がなさそうな印象を与えます。

現職の期間は　▶　業績や経験は　　応募動機は　　**完成**

❸ 応募動機

> なぜ転職を希望するのですか？

【日本語メモ】

1. どんな新環境で
2. 何をしたいから

(例) 1. グローバルな環境で　2. もっと責任ある仕事がしたい

【英語メモ】

1.
2.

(例) 1. in a global context　2. take on more responsibility

考え方

- 面接官に時間を割いてもらっているのは、まさにこれを伝えるため。いわば自己紹介のハイライトです。しっかりアピールしましょう。
- 転職の理由が給与や待遇面の問題、または上司とのトラブルだとしても、それらに言及することは避けましょう。**職場の悪口もNGです！**　あくまで職務に焦点を合わせ、あなたのキャリアにとってプラスになることを考えましょう。

本番まであと5時間!!

🔊 サンプルをリピート
ポーズを目印に繰り返し。最後は2文続けてリピート。 ▶ 18

I am ready to take on more responsibility, / especially in a global context. / That's why / I am interested / in this position.

（私は特にグローバルな環境でさらに責任を引き受けていきたいと考えております。ですから、このお仕事に意欲を感じております）

🔊 自分のコトバで
音声は文頭のみ！　あとは自力で。 ▶ 19

I am ready to _____

_____.

That's why I am interested in this position.

❗ 伝え方

- take on ～（～を引き受ける）は色文字の箇所を滑らかにつなげて読みましょう。
- アクセントのある箇所に注意。responsibility は bi、context は con、position は si を強く読みましょう。
- why は「ホワイ」や「フォワイ」ではなく、初めに「ウ」の音を出すつもりで口をすぼめてから「ワイ」と言ってみてください。
- あなたはこの仕事に大変興味があり、面接の場でわくわく感じているはずです。しっかりと口角を上げ、アイコンタクトしながら熱意を伝えましょう。

⬆ 次はウォーミングアップ(p. 44)へ

現職の期間は ▶ 業績や経験は ▶ 応募動機は ▶ **完成**

039

ウォーミングアップ　　🔘 20

では、自己紹介のサンプルを通しで聞きます。話すスピードや発音、強く言う箇所に気を付けましょう。

面接官：Well, Ms. Tanaka, please tell me about yourself.

あなた：

Well, I studied consumer psychology at college.

I took several classes in which I was able to learn how to effectively communicate with customers both orally and in writing.

Through those classes, I came to be interested in a career in customer service.

In addition, I have been attending workshops on customer service at my current workplace.

I'm especially interested in working in customer service at a global company, so I'm particularly excited about this opportunity.

面接官：I see.

本番まであと5時間!!

🗣 なりきりトレーニング

1. まず全文を通して聞いてみましょう。
2. 再び音声を再生し、この応募者になったつもりで「あなた」のせりふを**オーバーラップ**しましょう（音声にかぶせながら、声に出して読んでみましょう）。

❗ 伝え方

決してスラスラと速く言う必要はありません。 早口で何を言っているかわからない人よりも、**相手の目を見て、しっかりと語る**人の方が信頼感がありますし、良い印象を残します。英語の正しさや流暢さにこだわりすぎず、少しくらい間違ってもいいので、「相手に伝えたい！」という熱意の方に多くのエネルギーを注ぎましょう。

面接官：では田中さん、自己紹介をお願いします。
あなた：私は大学で消費者心理学を勉強しました。幾つか授業を取り、どうしたら効率的に顧客と口頭および書面でやり取りできるか学ぶことができました。それらの授業を通して、顧客サービスの分野で働くことに興味を持つようになったのです。また、私は現在の職場で顧客サービスについての研修に参加しています。特にグローバル企業の顧客サービスで働くことに興味がありますので、このお仕事の機会に大変意欲を感じております。
面接官：なるほど。

ウォーミングアップ　▶　リハーサル　▶　OK!　041

リハーサル

ブレーンストーミングで書き出したフレーズをもう1度空欄に入れて、あなたの自己紹介用台本を完成しましょう！

面接官：Well, Ms. Tanaka, please tell me about yourself.

あなた：

Well, I _____.

I _____
_____.

Through _____, I came to be interested in _____.

In addition, I _____
_____.

I'm especially interested in _____
_____, so I'm particularly excited about this opportunity.

面接官：I see.

本番まであと5時間!!

🦊 自主練　　　　　　　　　　　　　🔵 21

1. 面接官が目の前にいるシーンを想像しましょう。
2. 音声を再生すると、「あなた」のせりふでは文頭のみが聞こえます。続くポーズで自分の台本を読みましょう。台本を見てもかまいません。また、CDは手動で適宜止めてかまいません。
3. これを何度か繰り返して全体を覚えましょう。

✓ チェックしよう

- ☐ 適切な速度で、はきはきと答えましたか？
- ☐ 前を向いてアイコンタクトするつもりで話しましたか？
- ☐ 「伝えたい」という熱意を込めて話しましたか？

🦊 本番直前　　　　　　　　　　　　🔵 22

1. テキストを伏せてください。
2. 音声を再生し、面接官のせりふに続けてあなたの自己紹介をしましょう。文頭が小さな声で聞こえます。英文を忘れたときのヒントにしてください。CDを途中で止めてはいけません。

ウォーミングアップ ＞ リハーサル ＞ OK!

ウォーミングアップ　　🔘 23

自己紹介のサンプルを通しで聞きましょう。応募中の仕事に対する意欲を十分に表すことが大切です。

面接官：Well, Ms. Tanaka, please tell me about yourself.

あなた：

Well, I have been in customer service for seven years.

Most recently, I was awarded the Best Customer Service Award for the second year in a row. In addition, our team has increased customer satisfaction levels by 20 percent over the past three years.

I am ready to take on more responsibility, especially in a global context. That's why I am interested in this position.

面接官：I see.

本番まであと5時間!!

なりきりトレーニング

1. まず全文を通して聞いてみましょう。
2. 再び音声を再生し、この応募者になったつもりで「あなた」のせりふをオーバーラップしましょう（音声にかぶせながら、声に出して読んでみましょう）。

伝え方

もしも緊張が収まらなくて言葉に詰まった場合は "Sorry, I am nervous."（すみません、緊張していまして）と言ってしまうのもアリです。面接と聞くとテストだと思ってしまう人も多いと思いますが、あくまでも人（あなた）と人（面接官）のコミュニケーションの場です。リラックスして臨みましょう。

面接官：では田中さん、自己紹介をお願いします。
あなた：私は顧客サービス部門で7年間働いております。直近では、最優秀顧客サービス賞を2年連続で受賞しました。また、私たちのチームは過去3年で顧客満足度を20パーセント上昇させました。今後は特にグローバルな環境で、さらに責任を引き受けていきたいと考えております。ですから、このお仕事に意欲を感じております。
面接官：なるほど。

ウォーミングアップ　リハーサル　OK!

リハーサル

ブレーンストーミングで書き出したフレーズをもう1度空欄に入れて、あなたを印象づける自己紹介の台本を作りましょう！

面接官：Well, Ms. Tanaka, please tell me about yourself.

あなた：

Well, I _____ for _____.

Most recently, I _____
_____.

In addition, _____
_____.

I am ready to _____
_____.

That's why I am interested in this position.

面接官：I see.

本番まであと5時間!!

自主練 🎧 24

1. 面接官が目の前にいるシーンを想像しましょう。
2. 音声を再生すると、「あなた」のせりふでは文頭のみが聞こえます。続くポーズで自分の台本を読みましょう。台本を見てもかまいません。また、CDは手動で適宜止めてかまいません。
3. これを何度か繰り返して全体を覚えましょう。

✔ チェックしよう

- ☐ 適切な速度で、はきはきと答えましたか?
- ☐ 前を向いてアイコンタクトするつもりで話しましたか?
- ☐ 「伝えたい」という熱意を込めて話しましたか?

本番直前 🎧 25

1. テキストを伏せてください。
2. 音声を再生し、面接官のせりふに続けてあなたの自己紹介をしましょう。文頭が小さな声で聞こえます。英文を忘れたときのヒントにしてください。CDを途中で止めてはいけません。

ウォーミングアップ ＞ リハーサル ＞ OK!

Unit 1　到達度チェックリスト

次の例を参考に、英語で自己紹介できるようになりましたか？

📕 大学卒業後の職歴がまだ短く、転職を希望する人は…

- ☐ **これまでの活動**「私は大学で〜を学びました」
- ☐ **体験と学び**「顧客と効率的にやり取りする方法を学びました」
- ☐ **興味を持ったこと**「そのような〜を通して〜に興味を持つようになりました」
- ☐ **実行中のこと**「現在の職場で〜についての研修に参加しています」
- ☐ **応募動機**「特に〜に興味がありますので、このお仕事の機会に大変意欲を感じております」

⬆ 現職が長く、キャリアアップを目指して転職したい人は…

- ☐ **現職にある期間**「私は顧客サービスに携わって7年になります」
- ☐ **業績や経験1**「直近では2年連続で最優秀顧客サービス賞を受賞しました」
- ☐ **業績や経験2**「過去3年で〜を20パーセント上昇させました」
- ☐ **応募動機**「特に〜な環境でさらに責任を引き受けていきたいと考えております。ですから、このお仕事に意欲を感じております」

以上で最初の1時間の学習は終了です。次の1時間では、もっと踏み込んだ質問に対して答えるコツを学びます。

本番まであと4時間!!

自己紹介に次いでよく尋ねられるのが、あなたの長所や能力についてです。でも、たくさん挙げればいいというものではありません。

Unit 2 「あなたの強みは何ですか?」に備える60分

ここから60分の目標

次の例を参考に、英語であなたの「強み」を説明しましょう。

- 「私の強みの1つは〜です」
- 「現職では〜を任されています」
- 「プレゼンテーションを行う前には〜するよう常に心掛けています」
- 「そうすることで信頼を得て、昨年私たちは契約数を2倍に増やすことができました」
- 「私は人とコミュニケーションすることも得意です」
- 「私はクライアントの話を注意深く聞いて、適切な応答をするよう常に心掛けています」
- 「このような能力があるので、私はこの仕事に適材だと思います」

049

質問の意図を知る

What are your strengths?(あなたの強みは何ですか?)
これも面接でよく尋ねられる質問です。問いの意図を押さえておきましょう。

皆さんの多くは、外資系企業への就職を希望されているでしょう。そうでない人も、少なくとも英語で面接を行うほどグローバル化が進んだ企業を目指しているわけです。このような企業に就職を希望する際、まず覚えておきたいことは、新卒一括採用を行わない場合がほとんどだということです。

つまり、企業内で一から育てていく人材ではなく、欠員補充や増員の条件に見合った人材が必要。であれば、面接官の問いの意図もそこですね。**彼らが必要とする強み**をあなたが持っているかどうかを知りたいのです。

右ページの求人広告を見てみましょう。求められている人材は?

そう、①The successful candidate should:(採用される候補者は次の通り)の下に凝縮されていますね。これはThe successful candidate will have the following skills and experience.(採用される候補者は次のような技能と経験を備えているものとする)と示されることもあります。併せて②Responsibilities(職責)も要チェック。これらはRequired skills(必須技能)やDuties(職務)という項目名で挙げられることも多いです。

本番まであと4時間!!

Office Administration Position
ABC Company

We are a supplier of car components, seeking an Office Administrator to join our team.

The successful candidate should: (1)

- have 3-5 years' experience in administration
- demonstrate a high-level of attention to detail
- be a good communicator

> まずここを見る！

Responsibilities: (2)

- reception duties
- arranging members' schedules and meetings
- ensuring all customer orders are received and delivered in a timely and organized manner

---

事務職
ABC社
自動車部品の供給メーカーであるわが社は、チームの一員となる事務職員を募集中。
採用される候補者は次の通り：
・管理部門における3年から5年の経験を有する
・細部に対して高い注意力を発揮する
・コミュニケーション力が優れている
職責：
・受付業務
・社員のスケジュール調整および会議準備
・顧客の注文がすべて予定通りに支障なく受注、納品されるよう手配

前ページの求人広告では、①The successful candidate should:の後に求められる経歴や素質が明示され、同時に②Responsibilitiesでより詳細な業務内容を挙げていますね。例えば、arranging members' schedules and meetings（社員のスケジュール調整と会議の準備）やensuring all customer orders are received and delivered in a timely and organized manner（顧客の全注文が予定通りに支障なく受注、納品されるよう手配すること）。これらから、この仕事では確実さ、正確さ、間違いを犯さない注意力が必要だとわかります。

一般的に求められる強みは職業によって異なります。一覧を下に挙げました。アクセント（色部分）に注意して、表内の語句を発音してみましょう。正しいアクセントで言えば、多少不正確な発音でも相手に通じます！

🔘 26

accountant （会計士、経理職）	analytical skills（分析力） good IT skills（十分なIT能力） numerical skills（計算力）
engineer （エンジニア）	problem-solving skills（問題解決力） team player skills（チームで協力して働く力） attention to detail（細部への注意力）
company secretary （企業秘書）	numerical skills time management skills（時間管理力） communication skills（コミュニケーション力）
office manager （オフィスの管理職）	attention to detail／communication skills／ organizational skills（組織運営力）
sales representative （販売職、営業職）	communication skills／problem-solving skills ／commercial awareness（経済市場に対する意識）

その他、下のような性質を表す形容詞も強みとしてしばしば使われます。こちらも発音してみましょう。

🔊 27

trustworthy（信頼に足る）	reliable（頼りになる）
positive（前向きな）	independent（自主性がある）
creative（創造力豊かな）	self-motivated（自発的な）

あなたが応募する仕事ではどんな強みが必要か、2～3個は英語で言えるようにしておきましょう。ただし、必ずしも多いほどいいというわけではありません。羅列するのは避けましょう。

> あなたの強みと会社側の要望をうまく照らし合わせましょう。

ここが大事

"What are your strengths?"（あなたの強みは何ですか？）と問われたら……

- ●面接官の意図は： あなたが「**会社側の求める素質**を持っているかどうか」を知ることです。
- ●答えるコツは　： **どんな素質が求められるのか把握**しておき、それに当てはまる長所を簡潔に述べることです。

☆ あなたが就きたい仕事ではどんな素質（強み）が必要ですか？

最重要の素質（最大の強み）

（例）細部への注意力

次に必要な素質（別の強み）

（例）コミュニケーション力

こう組み立てる

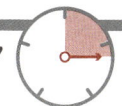

次の順番で、強みをまず1つ述べましょう。

❶ **最大の強み**を簡潔に述べる。　(例) 私は**細部に注意**が行き届く

❷ その強みが**どんな状況で発揮**されているか述べる。
　　(例) **プレゼンテーション**の**資料作り**をするとき

❸ その状況で**心掛けていること**を述べる。(例) 資料をしっかり見直している

❹ その心掛けの結果もたらされた**成果**について述べる。
　　(例) 同僚とクライアントの**信頼を獲得**し、**売上が倍増**した

❶〜❹を述べた後に、もう1つの強みを付け加えましょう。

❺ **別の強み**を付け加える。(例) 私は人との**コミュニケーション**も得意だ

❻ そこで**心掛けていること**を述べる。
　　(例) **クライアントの要望**を丁寧に聞き出すよう努めている

❶〜❻を受けて、次のひと言で締めくくる。
「このような**能力**があるので、私はこの仕事に**適材**だと思います」

では、次のページからブレーンストーミングを開始しましょう。

ブレーンストーミング

いくら自信を持って強みを主張しても、それだけでは面接官に信じてもらえません。強みをサポートする具体例についても英語で言えるよう練習しましょう。

❶ まず1つ目の強みについて考えましょう　最大の強み

> あなたが最もアピールしたい強みは何ですか？

【日本語メモ】

（例）細部への優れた注意力

【英語メモ】

（例）great attention to detail

考え方

- 前もって求人広告にしっかりと目を通しておくのが大前提です。
- 募集要項の the successful candidate（採用される候補者）、responsibilities（職責）、duties（職務）などのキーワードを頼りに、どんな強みが求められているか確認しましょう！

本番まであと4時間!!

サンプルをリピート　ポーズを目印に繰り返し。　🔊 28

One of my strengths is / my great attention to detail.
（私の強みの1つは、細かいところによく目が行き届くことです）

自分のコトバで　文頭に続けて言いましょう。　🔊 29

One of my strengths is my _____.

伝え方

- one of + 複数形の名詞で「〜のうちの1つ」という意味です。one of は自然につなげて発音しましょう。
- strengths の発音に注意。th の発音は日本語の「ス」と違って、息は抜けません。

※「機能別フレーズ集」(p. 147) も参考に。

| 最大の強み | 現在の任務 | 心掛け | 成果 | あと少し | 057 |

❷ 現在の任務

現職ではどんなことを任されていますか?

【日本語メモ】

（例）クライアントに見せるプレゼンテーション資料の準備

【英語メモ】

（例）preparing the presentation materials to show to our clients

考え方

- ここでも、**求められる素質**につながるストーリーを考えましょう。
- 職歴の短い人でも、これまで何らかの業務で強みを発揮しているはずです。また、正式に割り当てられた任務に限らず、**日ごろ意識的に取り組んでいること**がないか探しましょう。柔軟に考えるのがコツです！

本番まであと4時間!!

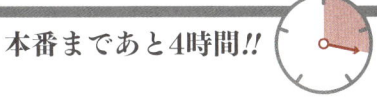

🔊 サンプルをリピート　ポーズを目印に繰り返し。　🔴 30

In my current job, / I am in charge of / preparing the presentation materials / to show to our clients.
(現職ではクライアントに見せるプレゼンテーション資料の準備を任されています)

🔊 自分のコトバで　文頭に続けて言いましょう。　🔴 31

In my _____ job, I _____ in charge of _____ .

❗ 伝え方

- In my current job(現職で)の代わりに In my previous job(前職で)も OKです。その場合は I was in charge of 〜(〜を任されました)となります。
- charge of を滑らかにつなげて言いましょう。in charge of の直後には名詞または動名詞 〜ing が入ります。所属部署名を入れて「〜部の責任者です」と言うこともできます。
- 責任者ではなくても日ごろ取り組んでいることはあるでしょう。その場合は、動詞の原形を用いて次のように表します。
  In my current job, I **prepare** the presentation materials to show to our clients.(現職ではクライアントに見せるプレゼンテーション資料を準備しています)

❸ 心掛け

> 現在の任務に取り組む際に心掛けていることは何ですか？

【日本語メモ】

（例）プレゼンテーションの前に資料をしっかり見直している

【英語メモ】

（例）thoroughly review the materials before making a presentation

考え方

- 強みを生かして具体的に何を心掛けているかを挙げましょう。
- あなたの強みが analytical skills（分析力）なら、データのどんな特徴に気を付けていますか？ numerical skills（計算力）ならどれくらいの量の計算をどれくらいの時間でミスなくこなしますか？ また、time management skills（時間管理力）を生かして、どのようにスケジュール管理をしていますか？（パソコンを使って？ それとも手帳を活用して？）

本番まであと4時間!!

サンプルをリピート　ポーズを目印に繰り返し。　◎ 32

I always make sure to / thoroughly review the materials / before making a presentation.
（プレゼンテーションを行う前には資料をしっかり見直すよう常に心掛けています）

自分のコトバで　文頭に続けて言いましょう。　◎ 33

I always make sure to _____
_____.

❗ 伝え方

- ここは**強みを納得させるための具体的なエピソード**です。「しっかり伝えよう」という気持ちで話してください。
- **always**をはっきり言って、「いつも」そうしていると強調しましょう。
- **make sure to** *do* で「確実に〜する、必ず〜する」の意味です。

最大の強み ＞ 現在の任務 ＞ 心掛け ＞ 成果　あと少し　061

❹ 成果

| 心掛けの結果、どんな成果がもたらされましたか？ |

【日本語メモ】

（例）同僚とクライアントから信頼を獲得／契約数が倍増

【英語メモ】

(例) earn the trust of my colleagues and clients／double the number of our contracts

考え方

- あなたの強みがどのような**具体的成果**をもたらしたのか伝えましょう。自分の強みが**仕事にどんな好影響を与えているか**を冷静に判断する洞察力が試されています。
- 大きな業績でなくても大丈夫。数字で表しにくいと感じたら、例えば仕事に費やす時間、プロジェクトの総人員数などに何か変化が表れていないか考えてみましょう。あなたの能力によって効率化されていませんか？

本番まであと4時間!!

🔊 サンプルをリピート　ポーズを目印に繰り返し。　　🔴 34

By doing so, / I have been able to / earn the trust of my colleagues and clients, / and we were able to / double the number of our contracts / last year.
（そうすることで同僚とクライアントの信頼を得て、昨年私たちは契約数を2倍に増やすことができました）

🔊 自分のコトバで　文頭に続けて言いましょう。　　🔴 35

By doing so, _____,
and _____.

❗ 伝え方

- 強みに関する答えの最重要箇所です。ゆっくりと自信を持って伝えましょう！
- By doing so で「そうすることで」の意味です。
- 継続的に「〜できている」ことは have been able to *do*、過去に「〜できた」ことは was able to *do*（チームの業績なら were able to *do*）としましょう。
- I have been able to も we were able to もひといきに言いましょう！

最大の強み ＞ 現在の任務 ＞ 心掛け ＞ 成果 ＞ あと少し　　063

❺ 引き続き、2つ目の強みを付け加えましょう　**もう１つの強み**

最大の強みの他に、どんな強みがありますか？

【日本語メモ】

(例) コミュニケーションも得意だ

【英語メモ】

(例) have excellent communication skills

考え方

- 最大の強みと同様、こちらの強みも求人広告で求められている条件をヒントに絞り込みましょう。**相手が求める人物像をしっかりと理解し、自分と照らし合わせることがポイントです。**
- **性質を表す形容詞**(p. 53)も活用してください。

本番まであと4時間!!

🔊 サンプルをリピート　1文をひといきに繰り返しましょう。　▶ 36

I also have excellent communication skills.
(私は人とコミュニケーションすることも得意です)

🔊 自分のコトバで　文頭に続けて言いましょう。　▶ 37

I _____ .

❗ 伝え方

- 自分の強みを言えるのは気持ちのいいことです。しっかりと口角を上げてアイコンタクトを忘れずに伝えましょう。
- 情報を追加するための文ですので、**also** を強く読むのがコツ。また、強みに当たる箇所(ここでは excellent communication skills)をはっきり言いましょう。
- 性質を表す形容詞を使う場合は、**I am also 形容詞.** としましょう。例えば **I am also creative.**(私は創造力が豊かでもあります)のようになります。

もう1つの強み　　心掛け　　締めくくり　　**完成**

065

❻ 心掛け

もう１つの強みに関して、心掛けていることは何ですか？

【日本語メモ】

（例）クライアントの話を注意深く聞く

【英語メモ】

（例）carefully listen to our clients

考え方

- 強みの背景には具体的な行動があるはず。その内容を書きましょう。
- 例えば、「そういえば遅刻したことがないな」という気付きによって
  →自分は時間に几帳面でもある(I am also punctual.)と判断できたはず。矢印を逆にたどれば行動が見えてきます。この場合はI have never been late for anything.(私は１度も遅刻したことがありません、私は常に時間厳守を心掛けています)と言うことができるのです。

本番まであと4時間!!

🔊 サンプルをリピート
ポーズを目印に繰り返し。最後は2文続けてリピート。　　💿 38〜39

I make it a point to / carefully listen to our clients / and respond appropriately. / With these skills, / I believe ①I am well suited for this position.

（私はクライアントの話を注意深く聞いて、適切な応答をするよう常に心掛けています。このような能力があるので、私はこの仕事に適材だと思います）

🔊 自分のコトバで
各文の文頭に続けて言いましょう。　　💿 40

I _____.

With these skills, I believe _____.

💡 伝え方

- make it a point to *do*（必ず〜する）ではmake itとit aをつなげて発音します。
- theseは「ジーズ」ではありません。上下の前歯の間に軽く挟んだ舌先を、「ズィー」というつもりでのど側に引くとthe-が上手に発音できます。
- ①ではsuited（適している）を強く言いましょう。①の代わりにI am a good fit for this position.（私はこの仕事の適任者です）と言ってもOKです。

> もう1つの強み　▷　心掛け　▷　締めくくり　▷　**完成**

> ## ウォーミングアップ　🔊 41

では、サンプルを通しで聞きます。声のボリューム、発音の明瞭さ、スピードなどの参考にしましょう。

面接官：OK, Mr. Yano, what do you feel are your strengths?

あなた：

One of my strengths is my great attention to detail.

In my current job, I am in charge of preparing the presentation materials to show to our clients.

I always make sure to thoroughly review the materials before making a presentation.

By doing so, I have been able to earn the trust of my colleagues and clients, and we were able to double the number of our contracts last year.

I also have excellent communication skills.

I make it a point to carefully listen to our clients and respond appropriately.

With these skills, I believe I am well suited for this position.

面接官：I see. Thank you.

本番まであと4時間!!

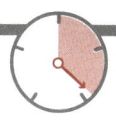

なりきりトレーニング

1. まず全文を通して聞いてみましょう。
2. 音声を再生し、この応募者になったつもりでオーバーラップしましょう。

伝え方

強みの内容であるmy great attention to detailをはっきり言いましょう。2文目では in charge ofを強く発音するのもコツです。他には、3文目 make sure toの後の thoroughly review(しっかり見直す)を強調して伝えましょう。4文目の I have been able toとwe were able toはひと固まりのフレーズです。それぞれひといきに言えましたか？

2つ目の強みを言うときは、alsoと強みの内容 excellent communication skillsをはっきり。最後の文ではsuitedを強く言いましたか？

しっかりとアイコンタクトするイメージトレーニングも大切です。

面接官：では、矢野さん、あなたの強みは何だとお感じになりますか？

あなた：私の強みの1つは細部によく目が行き届くことです。現職ではクライアントに見せるプレゼンテーション資料の用意を任されていますが、プレゼンテーションを行う前には資料をしっかり見直すよう常に心掛けています。そうすることで同僚とクライアントの信頼を得て、昨年私たちは契約数を2倍に増やすことができました。私はまた、コミュニケーション力にも自信があります。クライアントの話を注意深く聞いて、適切な応答をするよう心掛けています。このような能力があるので、私はこの仕事にぴったりだと思います。

面接官：わかりました。ありがとうございます。

リハーサル

ブレーンストーミングで書き出したフレーズを空欄に入れて、あなたの強みを伝える台本を作りましょう！

面接官：OK, Mr. Yano, what do you feel are your strengths?

あなた：

One of my strengths is my _____.

In my _____ job, I _____ in charge of _____.

I always make sure to _____.

By doing so, _____, and _____.

I _____.

I _____.

With these skills, I believe _____.

面接官：I see. Thank you.

本番まであと4時間!!

自主練　🔊 42

1. 面接官が目の前にいるシーンを想像しましょう。
2. 音声を再生し、文頭の音声に続くポーズで自分の台本を読みましょう。台本を見てもかまいません。
3. これを何度か繰り返して全体を覚えましょう。

✓ チェックしよう

- ☐ 適切な速度で、はきはきと答えましたか？
- ☐ 前を向いてアイコンタクトするつもりで話しましたか？
- ☐ 「伝えたい」という熱意を込めて話しましたか？

本番直前　🔊 43

1. テキストを伏せてください。
2. 音声を再生し、面接官のせりふに続けてあなたの強みを伝えましょう。文頭が小さな声で聞こえます。英文を忘れたときのヒントにしてください。CDを途中で止めてはいけません。

ウォーミングアップ ▶ リハーサル ▶ OK!

071

Unit 2 到達度チェックリスト

次の例を参考に、英語であなたの「強み」を説明できますか？

- ☐ **最大の強み**「私の強みの1つは〜です」
- ☐ **現在の任務**「現職では〜を任されています」
- ☐ **心掛け**「プレゼンテーションを行う前には〜するよう常に心掛けています」
- ☐ **成果**「そうすることで信頼を得て、昨年私たちは契約数を2倍に増やすことができました」
- ☐ **もう1つの強み**「私は人とコミュニケーションすることも得意です」
- ☐ **心掛け**「私はクライアントの話を注意深く聞いて、適切な応答をするよう常に心掛けています」
- ☐ **締めくくり**「このような能力があるので、私はこの仕事に適材だと思います」

スタートから2時間が経過しました。ここまでのレッスンはいかがですか？ 調子が出てきたところで、次の1時間では強みの反対、つまり「弱み」を尋ねられたときの答え方をマスターします。

本番まであと3時間!!

面接で聞かれるのは強みだけではありません。しばしば弱点についても説明が求められます。答えにくい質問だからこそ、上手に返せばあなたの印象がぐんとアップします。そのコツをぜひ押さえておきましょう。

Unit 3 「一番の弱点は何ですか？」に備える60分

ここから60分の目標

次の例を参考に、英語であなたの「弱点」を説明しましょう。

- 「私は以前、時間管理が苦手でした」
- 「多くのプロジェクトを一度に抱えていたときに、時々問題が生じることがありました」
- 「自分のためになっていないと気付いたので、常にプロジェクトの優先順位を決め、スケジュール帳に書き出して、終わったものから消していくことにしました」
- 「その結果、今では常に落ち着いて対処できますし、めったに間違えなくなりました」

質問の意図を知る

What is your greatest weakness?（あなたの一番の弱点は何ですか？）
面接で答えるのがおそらく最も難しい質問ではないでしょうか。誰しも自分の弱点を話したいとは思いません。しかし、この質問にもやはり意図があり、それに沿った返答をできるかどうかが試されているのです。

この質問の意図は次の3つです。

❶ あなたが自分を**客観視**できるかどうか。
❷ あなたが当たり障りのない返答をせずに、**正直**かつ**真剣**に答えるかどうか。
❸ あなたに**困難を乗り越える**能力があるかどうか。また、**どう乗り越えたか**。

❶ 客観視について
普段から自分を客観的に見ることができている人は少ないと思います。就職、転職活動を機会に一度じっくりと自分の失敗、弱み、苦手としていることを考えて、書き出してみましょう。

❷ 正直さについて
何でも隠さず言えばいいというわけではありません。例えば、品質管理の仕事に応募している人が「細かいことは苦手なんです」と言えば、不合格は明らかでしょう。かといって適当に答えるとボロが出ますし、採用後の業務割り当ての際にも苦労をするのは自分です。ですので、**慎重**かつ**正直**にバランスの取れた答えを用意しておきましょう。

❸ 逆境からの脱出について

ここが一番大事なポイントです。面接でネガティブなことを言わなくてはいけないときは**必ずポジティブに終わる**答え方を心掛けましょう。困難に直面しても**客観的に分析し、自分を高めることができる**人間性をアピールしてください。つまり、弱点を明かして終わりではなく、ひとひねりして長所に変える言い方が必要ということです。

NO! 言ってはいけない！

× "Oh, I don't have any weaknesses!"
（私には弱点などありません！）

× "I think I am perfect."
（私は完璧だと思います）

> うーん……。

これらは絶対に避けましょう。面接官も人間ですから、パーフェクトな人などいないとわかっています。また、"I work too hard."（働き過ぎなんです）など、**強みを弱点であるかのように言うことも避けましょう**。これは一時期、弱点についての質問に対処するコツとして面接対策本やネットで出回った方法です。しかし、今やどの面接官もだまされません。「で、本当の弱点は？」「他の弱点は何ですか？」と突っ込まれることがあります。気を付けましょう！

では、上手な答え方のツボを押さえていきましょう。Unit 2（あなたの強みは何ですか？）を思い出してください。意外かもしれませんが、弱点を絞り込むには**強みの再認識が必須**なのです。

もう1度、求人広告を確認してみましょう。

Office Administration Position
ABC Company

We are a supplier of car components, seeking an Office Administrator to join our team.

The successful candidate should: ①
- have 3-5 years' experience in administration
- demonstrate a high-level of attention to detail
- be a good communicator

> ここが強み！

Responsibilities: ②
- reception duties
- arranging members' schedules and meetings
- ensuring all customer orders are received and delivered in a timely and organized manner

> ここも強み!!

(訳はp.51参照)

この仕事で求められている強みは、①の下、そして②の下から読み取れましたね。**確実さ、正確さ、間違いを犯さない注意力**、そして**コミュニケーション力**などが必要とわかりました。

では、**これらの素質を打ち消す弱点**とは？

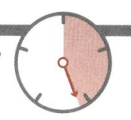

この応募条件の場合は、例えばI am unorganized.(私は大雑把です)やI am nervous speaking to people.(人と話すときには緊張します)のような弱点は不利になります。「正確さ」「注意力」「コミュニケーション力」を備えていないことになるからです。あくまで**応募条件に差し障りのない範囲で、自分にはどんな弱点があるのか**考えるのが大前提ということを覚えておきましょう。

ちなみに、よくある弱点には次のようなものがあります。あまり口に出したくない言葉が並んでいますがちょっと我慢して、色部分のアクセントに気を付けて発音してみましょう。

🔊 44

---

be unorganized(大雑把だ)
be inefficient(能力不足だ)
be unassertive(自己主張をしない)
wait until the last minute(ぎりぎりまで延ばす)
have problems with time management(時間管理が苦手だ)
be nervous speaking in front of large audiences
(大人数の前で話すと緊張する)
focus too much on details(細部にこだわりすぎる)

Unit 2(あなたの強みは何ですか?)を振り返りましょう。あなたが就きたい仕事で強みとなる2つの素質は何でしたか?(p. 54参照)

最重要の素質

次に必要な素質

☆ <u>上のいずれの素質も打ち消さない</u>弱点を1つ挙げると?(これが、あなたがこれから説明していくべき弱点です)

ここが大事

"What is your greatest weakness?"(一番の弱点は何ですか?)と問われたら……

- 面接官の意図は : 「あなたが**弱点に対して客観的に対処できる人物かどうか**」を知ることです。
- 答えるコツは : **求められる素質に影響のない範囲**で弱点を述べます。そして、「**困難に直面しても客観的に分析でき、乗り越えられる**」という点をアピールしましょう。

本番まであと3時間!!

こう組み立てる

次の順番で「弱点を乗り越えた」経験をアピールしましょう。

❶ **かつての弱点**を述べる。
　(例) **時間管理**が苦手だった

❷ いつ、どんな**状況**で問題が現れたか述べる。
　(例) **複数**のプロジェクトを**同時進行**させていたとき

❸ その弱点を**克服するために何をしたか**説明する。
　(例) 手帳を活用して**優先順位**と**進行を管理**した

❹ 対策の結果、**どう改善されたか**述べて締めくくる。
　(例) **同時に複数の仕事**をミスせず進められるようになった

> ではブレーンストーミングしながら、あなたの答えを作っていきましょう。

079

ブレーンストーミング

弱点について述べるには戦略が必要。メモを書き出しながら、面接官をうならせるストーリーを作っていきましょう。

❶ かつての弱点

> 以前どんな弱点がありましたか？ 応募中の仕事に支障を来さないものを1つ挙げてください。

【日本語メモ】

（例）時間管理が苦手だった

【英語メモ】

（例）have had problems with time management

考え方

- 手元にある求人広告を読み返しましたか？ 求人広告の他に会社のホームページも参考に、**会社が求める人物像**を入念にリサーチしてください。
- **今では克服している弱点**を選ぶことがポイントです。
- 職場に損害をもたらしたなどの大失敗を挙げるのは避けましょう。

本番まであと3時間!!

🔊 サンプルをリピート　ポーズを目印に繰り返し。　◉ 45

I have had problems / in the past / with time management.
(私は以前、時間管理が苦手でした)

🔊 自分のコトバで　文頭に続けて言いましょう。　◉ 46

I have had problems in the past _____.

❗ 伝え方

- withの後は名詞です。with＋名詞でしっくり来なければ、動詞の〜ing形を使ってみましょう。その場合はI have had problems 〜ingとなります。上の例なら、I have had problems in the past managing my time. と言い換えることができます。
- 弱点だからといって弱気にならず、しっかりとアイコンタクトして堂々と言いましょう。

※「機能別フレーズ集」(p. 152)も参考に。

弱点 ▶ 発生状況　対策法　結果　**完成**

❷ 発生状況

問題はいつ、どんな状況で現れましたか？

【日本語メモ】

(例) あまりにも多くのプロジェクトを一度に抱えていたとき

【英語メモ】

(例) when I had too many projects at one time

考え方

- **問題が現れたシチュエーションを限定**します。これには、あなたの弱点がもともとの性格や習慣とは関係ないと強調する働きがあります。
- 「でも、いつも似たような問題で苦労してきました」……なるほど。では、その問題が**「特に」顕著に表面化した時点**に絞り込んでみましょう。

本番まであと3時間!!

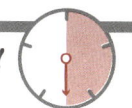

🔊 サンプルをリピート　ポーズを目印に繰り返し。　💿 47

The problem occasionally surfaced / when I had too many projects at one time.
（あまりにも多くのプロジェクトを一度に抱えていたときに、時々問題が生じることがありました）

🔊 自分のコトバで　文頭に続けて言いましょう。　💿 48

The problem occasionally surfaced when _____ .

❗ 伝え方

- 問題は常時発生していたわけではありません。too many（あまりにも多くの）プロジェクトが重なった場合にoccasionally（時々）生じたのです。しっかり限定するため、この2語を強調して言いましょう。
- occasionally（時々）は最初のaを強く発音しましょう。occasionallyの代わりにsometimesと言っても同じ意味です。
- surfacedまでがひと固まり。whenの前でひと呼吸ポーズを入れると言いやすいですよ。
- at one timeはatのtの音が弱くなります。注意してまねしてみましょう。

弱点 ▶ 発生状況 ▶ 対策法 ▶ 結果 ▶ **完成**

083

❸ 対策法

> 弱点を克服するため、何をしましたか?

【日本語メモ】

（例）プロジェクトの優先順位を決めてスケジュール帳に書いた／終わったものを消した

【英語メモ】

（例）prioritized my projects and wrote each one down on my schedule／deleted it once I finished it

考え方

- 弱みだけ言って終わりにしないためにも、具体的な対策を挙げることが重要です。小さなことでもかまいません。
- 例えば、スケジュール管理が苦手な人なら、「プロジェクト別にカラーペンを使い分けて進行をチェックした」などの日常的な工夫でもOKです。

本番まであと3時間!!

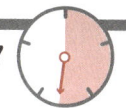

🔊 サンプルをリピート　ポーズを目印に繰り返し。　⊙ 49

①I realized that / ②it was not working for me, / so I started to / always prioritize my projects / and write each one down on my schedule / and delete it / once I finish it.

（自分のためになっていないと気付いたので、常にプロジェクトの優先順位を決め、1つ1つスケジュール帳に書き出して、終わったものから消していくことにしました）

🔊 自分のコトバで　文頭に続けて言いましょう。　⊙ 50

①I realized that ②it was not working for me, so I started to

- .

❗ 伝え方

- 長い文なのでまず①、そして次は①②というように、固まりを徐々に付け足していく要領で口慣らししましょう。
- be not working for me で「(その状況が)自分のためになっていない、うまくいっていない」という意味です。
- so は②までの内容を受けて、「だから」と後半につなげる箇所。so の前ではひと呼吸ポーズを入れましょう。
- started to は started の d の音がほとんど消えます。注意しましょう!

弱点 ＞ 発生状況 ＞ 対策法 ＞ 結果　　**完成**

085

❹ 対策の結果

弱点対策の結果、今のあなたはどう進歩していますか?

【日本語メモ】

（例）プロジェクトが重なっても落ち着いている／めったに間違えない

【英語メモ】

（例）in control when I have multiple projects／rarely make mistakes

考え方

- ❸では対策について述べました。ここでは、その対策の効果を述べます。単に「時間管理ができるようになった」と言うのではなく、「締め切りを常に守れるようになった」「突然の予定変更にも慌てなくなった」というように具体的な例を挙げましょう。
- 「めったに〜しない」はrarely、「全く〜しない」はneverを使いましょう。

本番まであと3時間!!

🔊 サンプルをリピート　ポーズを目印に繰り返し。　🔴 51

As a result, / now I am always in control / when I have multiple projects, / and I rarely make mistakes.
(その結果、今では多くのプロジェクトが重なっても常に落ち着いて対処できますし、めったに間違えなくなりました)

🔊 自分のコトバで　文頭に続けて言いましょう。　🔴 52

As a result, now _____
_____.

❗ 伝え方

- 今では弱点を克服しているので動詞は現在形にし、nowをはっきり言いましょう。堂々と自信を持ってアイコンタクトするのを忘れずに。
- As a resultはAsのsと続くaをつなげて滑らかに発音しましょう。また、As a result の後にはひと呼吸ポーズを入れましょう。
- rarely[réərli]はreally[ríːəli](本当に、実に)との発音・意味の違いに気を付けてください。rare[réər]をまず言って、そこにly[li]を付けましょう。言えましたか?

弱点 ＞ 発生状況 ＞ 対策法 ＞ 結果 ＞ **完成**

ウォーミングアップ 🔴 53

弱点克服の過程を落ち着いてアピールし、強い印象を残す話し方が目標です。サンプルを聞いてみましょう。

面接官：Ms. Tanaka, what is your greatest weakness?

あなた：

I have had problems in the past with time management.

The problem occasionally surfaced when I had too many projects at one time.

I realized that it was not working for me, so I started to always prioritize my projects and write each one down on my schedule and delete it once I finish it.

As a result, now I am always in control when I have multiple projects, and I rarely make mistakes.

面接官：Great. Thank you.

本番まであと3時間!!

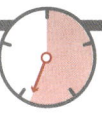

🗣 なりきりトレーニング

1. まず全文を通して聞いてみましょう。
2. 音声を再生し、この応募者になったつもりでオーバーラップしましょう。

⚡ 伝え方

- 面接で弱点を伝えるのは勇気の要ることです。しかし、面接官自身を含め誰にでも苦手なことはあると思い出してください。完ぺきな人間が求められているわけではありません。

- 自分の弱点を理解して克服したストーリーを、焦らずにゆっくりと伝えましょう。ストーリーはあなたの中にあります。本番で一言一句を正確に思い出せなくても、文法を間違ってしまっても、慌てずに熱意を持って話してください。その誠意がきっと面接官を動かしますよ！

面接官：田中さん、あなたの一番の弱点は何ですか？

あなた：以前は時間管理が苦手でした。あまりにも多くのプロジェクトを一度に抱えていたときに、時々問題が生じることがありました。自分のためになっていないと気付いたので、常にプロジェクトの優先順位を決め、1つ1つスケジュール帳に書き出して、終わったものから消していくことにしました。その結果、今では多くのプロジェクトが重なっても常に落ち着いて対処できますし、めったに間違えなくなりました。

面接官：すごいですね。ありがとうございます。

ウォーミングアップ　　　リハーサル　　　OK!

リハーサル

ブレーンストーミングで書き出したフレーズを空欄に入れて、あなた自身の弱点克服ストーリーを用意しましょう！

面接官：Ms. Tanaka, what is your greatest weakness?

あなた：

I have had problems in the past _____.

The problem occasionally surfaced when _____
_____.

I realized that it was not working for me, so I started to _____
_____
_____.

As a result, now _____
_____.

面接官：Great. Thank you.

本番まであと3時間!!

自主練　　🔊 54

1. 面接官が目の前にいるシーンを想像しましょう。
2. 音声を再生し、文頭の音声に続くポーズで自分の台本を読みましょう。台本を見てもかまいません。
3. これを何度か繰り返して全体を覚えましょう。

✓ **チェックしよう**

- ☐ 適切な速度で、はきはきと答えましたか？
- ☐ 前を向いてアイコンタクトするつもりで話しましたか？
- ☐ 「伝えたい」という熱意を込めて話しましたか？

本番直前　　🔊 55

1. テキストを伏せてください。
2. 音声を再生し、面接官のせりふに続けてあなたの弱点を説明しましょう。文頭が小さな声で聞こえます。英文を忘れたときのヒントにしてください。CDを途中で止めてはいけません。

ウォーミングアップ ＞ リハーサル ＞ OK!

Unit 3 到達度チェックリスト

次の例を参考に、英語であなたの「弱点」を説明できますか？

- ☐ **かつての弱点**「私は以前、時間管理が苦手でした」
- ☐ **発生状況**「多くのプロジェクトを一度に抱えていたときに、時々問題が生じることがありました」
- ☐ **対策法**「自分のためになっていないと気付いたので、常にプロジェクトの優先順位を決め、スケジュール帳に書き出して、終わったものから消していくことにしました」
- ☐ **対策の結果**「その結果、今では常に落ち着いて対処できますし、めったに間違えなくなりました」

この1時間で、弱点も言いようによってはあなたの強みになることがわかりましたね。さあ、この講座の折り返し地点を過ぎました。ちょっと休憩したら、残り2時間のレッスンに進みましょう。

本番まであと2時間!!

ここから1時間で、英語面接ならではの質問に答える練習をします。「5年後のことなどわからない」と戸惑いがちですが、今後のキャリアを考えてみましょう。

Unit 4 「5年後はどうなっていたいですか?」に備える60分

ここから60分の目標

大学卒業後の職歴がまだ短く、転職を希望する人は…

次の例を参考に、英語であなたの「5年後」を説明しましょう。

- 「最初の目標は御社の期待に応え、また期待を超える働きをすることです」
- 「スキルアップしていたいと思います」
- 「やるべきことがたくさんあると了解しています」
- 「私には必要な粘り強さがあると自負しています」
- 「大卒後は英語を勉強してきました。理由は〜」
- 「私はオンライン英会話を受講しています」
- 「TOEICで600点を超えるスコアを取れました」
- 「それくらい粘り強く頑張りたいです」

(職歴の長い人は次のページへ)

ここから60分の目標

現職が長く、キャリアアップを目指して転職したい人は…

次の例を参考に、英語であなたの「5年後」を説明しましょう。

- 「最初の目標は御社の期待に応え、また期待を超える働きをすることです」
- 「この分野での専門知識を深めたいです」
- 「私の〜分野での経歴を生かして、〜業の専門知識を身に付けたいです」
- 「御社の海外事業に貢献したいです」
- 「御社や業界全体の成長に貢献したいです」
- 「この仕事では、さまざまな背景を持つクライアントと働く機会があるでしょう。このような機会は私にとって必要不可欠だと信じています」
- 「この仕事に非常に意欲を感じております」

質問の意図を知る

Where do you see yourself in five years?（5年後はどうなっていたいですか？）――日本の入社面接ではなじみがありませんが、英語面接ではよく聞かれる質問トップ5に入ります。ただし、面接官は決してあなたの家族計画や旅行計画などを聞きたいわけではありません。

面接官は次の2点を探って応募者をふるいにかけています。
❶ あなたはこの仕事に対して**熱意を保てるか**。
❷ あなたは**現実的なキャリアプラン**を持っているか。

❶ 熱意の維持について
求人広告、面接、新人研修……**雇用には時間と経費**がかかります。せっかく採用しても2、3カ月で辞められては大きな痛手ですから、**熱意とモチベーションの維持は採用のための必須条件**です。

❷ キャリアプランについて
今後の目標、必要な資格の取得、勤続年数などを含め**どういった職歴を作り上げたいか**という将来設計が**キャリアプラン**です。管理職志向の強い人が、希望の地位まで最低でも勤続10年は必要な会社に採用されたら、熱意を保てないでしょう。キャリアプランが会社側の条件と掛け離れないことが重要です。

NO! 言ってはいけない！

× "I want your position."
（あなたの役職に就いていたいです）

英語圏の文化的背景からいって、自分自身を適度にアピールすることは必要ですが、面接官に対してあまりに露骨な野心を見せるのは控えた方がいいでしょう。また、具体的な役職名を挙げて希望することも避けましょう。なぜなら役職名は企業によって違いますし、必要な社歴の長さもまちまちだからです。

ここが大事

"Where do you see yourself in five years?"(5年後はどうなっていたいですか？)と問われたら……

- 面接官の意図は： あなたが「この職務に対する**熱意とモチベーションを維持できるか**」知ることです。
- 答えるコツは　： 職歴がまだ短い人は**持ち前の粘り強さ**、職歴の長い人は**会社への貢献**をアピールするのがオススメです。

こう組み立てる

職歴の長短によって押さえるべき内容が異なります。（職歴が長い人は p. 98 へ）

職歴が短い人の場合は、会社の期待に応えて根気強く能力を磨きたいという意欲を具体例とともに示しましょう。前半は定型文を使いながら、今後5年間の目標を述べます。

本番まであと2時間!!

❶ **会社の期待**に応える意欲をはっきり伝える。
　(例) 御社の**期待**を**上回る**働きをしたい

❷ 今後5年間の目標として、**能力を磨きたい**意思を述べる。
　(例) 5年後には他の社員に教えられるくらいに**スキルアップ**していたい

❸ **課題を十分に認識している**と付け加える。
　(例) 学ぶべきことが多いと**了解している**

❹ 課題をこなす**粘り強さ**をアピールする。
　(例) 持ち前の**粘り強さ**を生かして取り組みたい

後半ではあなたのエピソードを織り込んで、粘り強さの具体例を完成します。

❺ 自分が**継続して行っていること**を挙げる。
　(例) 大学卒業後は**英語を2年間勉強してきた**

❻ その**具体例**を挙げる。
　(例) 毎週100語を覚え、オンライン英会話を受講中

❼ どんな**成果**を上げたか述べる。
　(例) TOEICのスコアが600点を超えた

「**御社でもこの粘り強さを生かして働きたいです**」と締めくくる。

▶ ブレーンストーミング(p. 99)へ進んでください

ある程度の職歴がある人は、これまで培ってきた知識と経験を生かして、今後5年のうちに新しい職場に貢献する意欲を強調しましょう。

❶ **会社の期待に応える意欲をはっきり伝える。**
(例) 御社の**期待を上回る**働きをしたい

❷ **【同じ分野での転職の場合】その分野の知識をさらに深めたい**と述べる。
(例) キャリアアドバイザーとして**さらに経験を積み知識を深めたい**

【異なる分野への転職の場合】これまで培った経験と知識を、新しい仕事の習得に生かしたいと述べる。
(例) 教職分野の**経験と知識**をコンサルティングの知識習得に**生かしたい**

❸ 会社や事業、業界の発展に**貢献したい**と付け加える。
(例) 御社の海外市場での**事業展開に貢献**したい

❹ この仕事で得られる**機会の大切さ**を強調する。
(例) さまざまなクライアントと働ける**機会**は自分にとって**必要だ**

「**この仕事に非常に意欲を感じております**」と締めくくる。

ブレーンストーミング(p. 108)へ進んでください

本番まであと2時間!!

ブレーンストーミング　職歴は短いけれど粘り強さは負けない！

以下の❶～❹は丸ごと覚えておくと便利な表現です。

❶ 期待に応える

> まず「会社からの期待に応えるのが第1目標」と伝えます。

サンプルをリピート　ポーズを目印に繰り返し。　🔊 56

My first goal will be / to meet or exceed your expectations / in the position I am applying for.
(私の最初の目標は、応募しているこの仕事で御社の期待に応え、また期待を超える働きをすることです)

伝え方

- expectationsは後半のaにアクセントがあります。applyingのgの音はほとんど聞こえません。

※「機能別フレーズ集」(p. 156)も確認。

| 期待 | 向上 | 認識 | 粘り強さ | 継続と目的 | 具体例 | 成果 | 完成 |

099

❷ 技能の向上に対する意欲

「他の社員に教えられるくらいスキルアップしていたい」と積極的に技能を身に付ける意欲を示します。

サンプルをリピート ポーズを目印に繰り返し。　　🔴 57

In five years, / I would like to / have increased my skill level / so that I can train others.
(5年後には他の社員の研修を任されるくらいスキルアップしていたいと思います)

伝え方

- fiveを強く言いましょう。「(未来には)〜しておきたい」と表すためI would like to have＋動詞の過去分詞を使います。
- so that主語＋can doで「(主語)が〜できるように」の意味です。trainを×torainとoの音を入れて発音しないよう気を付けましょう。
- 必ずしも「5年後」について尋ねられるとは限りません。質問に合った年数で答えてください。例えば「3年後」について質問された場合は、In three yearsで始めましょう。

❸❹ 課題の認識と粘り強さ

「課題の多さを了解している」と心構えをアピールします。また、「それをこなすために必要な**粘り強さ**を持ち合わせている」と強調します。

🔊 サンプルをリピート　ポーズを目印に繰り返し。　🔘 58〜59

I know that / there is a lot of work / I need to do / before that.
（その前にやるべきことがたくさんあると了解しています）

I believe that / I have the persistence / necessary to do so.
（私にはそれをこなすために必要な粘り強さがあると自負しています）

❗ 伝え方

- 1文目では、that の末尾の t と there is の th を滑らかにつなげて言いましょう。a lot of と do を強く言うのもコツ。
- 2文目では、that の末尾の t は弱くなります。また、to do so は do を強く言いましょう。

次のページから再びメモを書き出しながら考えます。

❺ 継続していることと目的

> あなたが続けてきたことは？　また、その目的は？

【日本語メモ】

1. 続けてきたこと
2. 目的

（例）1. 大学卒業後に英語を2年間勉強　　2. グローバル市民になるため

【英語メモ】

1.
2.

（例）1. studying English for two years since college
　　　2. to be a global citizen

❓ 考え方

- あなたの粘り強さを強調するため、継続してやっていることを伝えます。
- 「何もしていない」？　でも、英語で面接を受けようとするくらいですから、**英語学習の経験はあるはず**ですよね。その点をぜひアピールしましょう！　洋画や洋楽などの趣味でもOK。英語に興味を持ち「何を言っているか知りたい」「英語で話したい」と取り組むことが学習だととらえましょう。

本番まであと2時間!!

🔊 サンプルをリピート
ポーズを目印に繰り返し。最後は2文続けてリピート。　🔘 60〜61

For example, / I have been studying English / for two years since college. / This is because / I believe English is a necessary tool / to be a global citizen.

（例を挙げますと、私は大学卒業後2年間、英語を勉強してきました。この理由は、英語はグローバル市民になるために必要な手段だと思うからです）

🔊 自分のコトバで
各文の文頭に続けて言いましょう。　🔘 62

For example, I have been _____ ing _____.

This is because _____.

🗣 伝え方

- 現在完了進行形 I have been 〜ing は「ずっと〜している」の意味。取り組んでいること（ここでは studying English）をはっきりと発音しましょう。
- 「一定期間、継続している」とアピールするために、**期間を表す数字**（ここでは two years）を強く言いましょう。
- This is は滑らかにつなげて発音します。また、tool [túːl] はカタカナの「ツール」と違って「トゥ」に近い音で始まります。

| 期待 | 向上 | 認識 | 粘り強さ | 継続と目的 | 具体例 | 成果 | **完成** |

❻ 具体例

> 具体的に何を続けていますか？　できれば2つ挙げましょう。

【日本語メモ】

（例）毎週100語を覚えている／オンライン英会話を受講中

【英語メモ】

（例）memorizing 100 new words every week／
　　　taking online English conversation classes

考え方

- 例えば、英語で書かれたブログを読むのは立派なリーディング学習。洋画、洋楽はリスニング学習になる他、発音や口語表現も学べます。
- 日常的な例でOKですが、1つより**2つの方が説得力が増します**！

本番まであと2時間!!

サンプルをリピート　ポーズを目印に繰り返し。　🔊 63

I have been memorizing / ①**100 new words every week**, / and **taking** online English conversation classes.
(私は毎週単語を新たに100語覚え、オンライン英会話を受講しています)

自分のコトバで　文頭に続けて言いましょう。　🔊 64

I _____ ,
and _____ .

💡 伝え方

- 粘り強さを強調するため現在完了進行形 have been ～ing(ずっと～している)を使います。ただし、「資格試験に向けて勉強した」のように、ある時点で終了したことは過去形で表しましょう。
- ①は 100 words a week(週に100語)とも表せます。応用して「1日～語」と言うなら ～ words a day です。
- and の前後で動詞の時制をそろえます。「現在完了進行形 and 現在完了進行形」または「過去形 and 過去形」の組み合わせです。
- ただし、「ある時点で終了したこと」と「継続中のこと」の両方を1文で言いたい場合は、[I + 動詞の過去形] and [I have been ～ing]のように述べましょう。

期待 ＞ 向上 ＞ 認識 ＞ **粘り強さ** ＞ 継続と目的 ＞ 具体例 ＞ 成果 ＞ **完成**

105

❼ 成果

❻によってどんな成果を上げることができましたか?

【日本語メモ】

(例) TOEIC で600点を超えるスコアを取れた

【英語メモ】

(例) was able to score above 600 on TOEIC

考え方

- **資格取得**やスコアなど**数字で表せること**は積極的に使いましょう。
- でも、数字で表せない成果もOKです。「英語ニュースを読めるようになった」「英語で電話できるようになった」「外国人に道案内できるようになった」「海外ドラマの筋が大体つかめるようになった」「歌える洋楽が増えた」……当てはまることはないですか?

本番まであと2時間!!

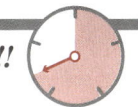

🔊 サンプルをリピート
ポーズを目印に繰り返し。最後は2文続けてリピート。 🎧 65〜66

As a result, / I was able to / score above 600 on TOEIC. / I would like to / work with that persistence / in this position, too.

(その結果、TOEICで600点を超えるスコアを取れました。この仕事でもそれくらい粘り強く頑張りたいと思っております)

🔊 自分のコトバで
各文の文頭に続けて言いましょう。 🎧 67

As a result, _____.
I would like to work with that persistence in this position, too.

❗ 伝え方

- As a result の As a は自然につなげて発音しましょう。result は u にアクセントがあります。
- I was able to (〜できた) は途中で区切らず、滑らかに発音しましょう。「今では〜できる」と言う場合は、now I can 〜 と表します。

📖 次はウォーミングアップ(p. 114)へ

> 期待 > 向上 > 認識 > 粘り強さ > 継続と目的 > 具体例 > 成果 > **完成**

ブレーンストーミング　キャリアアップ組だからこそ貢献できる！

以下の❶～❷は丸ごと覚えておくと便利な表現です。

❶ 期待に応える

> 「会社からの期待に応えるのが第1目標」と最初にしっかり強調します。

サンプルをリピート　ポーズを目印に繰り返し。　◉ 68

My first goal will be / to meet or exceed your expectations / in the position I am applying for.
（私の最初の目標は、応募しているこの仕事で御社の期待に応え、また期待を超える働きをすることです）

伝え方

- キャリアの長短にかかわらず、会社側の求める働きをこなす意欲を伝えることが重要です。
- expectationsは後半のaにアクセントがあります。applyingのgの音はほとんど聞こえません。

※「機能別フレーズ集」（p. 160）も確認。

本番まであと2時間!!

❷ 専門知識

> 同じ分野での転職の場合は「知識を深めたい」（サンプル1、トラック69）、異なる分野への転職の場合は「これまでの経験と知識を生かして、新たな分野の知識を習得したい」（サンプル2、トラック70）と述べます。

サンプルをリピート　ポーズを目印に繰り返し。　🔘 69〜70

1. **In addition, / I would like to / deepen my expertise in this field / because I truly enjoy / working as a (career adviser).** ※（ ）内の職種を自由に変えて言ってOK。

   （さらに、[キャリアアドバイザー]としての仕事を心から楽しんでいるので、この分野での専門知識を深めたいです）

2. **In addition, / I would like to / develop expertise in the field of (consulting) / using my background in (teaching).** ※（ ）内の業務分野を自由に変えて言ってOK。

   （さらに、私の[教職]分野での経歴を生かして、[コンサルティング]業の専門知識を身に付けたいと思っております）

⚠ 伝え方

- deepen my expertise で「自分の専門知識を深める」、develop expertise で「専門知識を身に付ける」の意味です。また、「本当に楽しい」という気持ちを強調するために、truly を強く言いましょう。
- 業種名や職種名をはっきりと言いましょう。

次のページから再びメモを書き出しながら進めます。

| 期待 | 専門知識 | 貢献 | 機会 | 完成 |

❸ 貢献への意欲

> 採用されたらどんなことに貢献したいですか？

【日本語メモ】

に貢献したい

（例）会社の海外事業／会社や産業全体の成長（に貢献したい）

【英語メモ】

contribute to

（例）(contribute to) your company's overseas operations／
the growth of your company and the industry as a whole

考え方

- 事前のリサーチは重要です。具体的なプロジェクトを調べてみましょう。
- 具体的な情報が見つからない場合は、「会社や業界全体の成長に貢献したい」を使いましょう。

本番まであと2時間!!

サンプルをリピート
ポーズを目印に繰り返し。　🔊 71～72

I would like to / contribute to your company's overseas operations.
（御社の海外事業に貢献したいと考えております）

I would like to / contribute to the growth of your company / and the industry as a whole.
（御社や業界全体の成長に貢献したいと考えております）

自分のコトバで
文頭に続けて言いましょう。　🔊 73

I would like to contribute to _____

伝え方

- I would like to はひとまとまりに発音しましょう。また、「貢献したい内容」を強く言うのもポイントです。
- growth の th はカタカナの「ス」と違って、音が抜けません。
- and の前にポーズを入れましょう。また、as a は音を自然につなげて言ってみましょう。

> th は上の前歯を舌の上に乗せて発音します。

期待　>　専門知識　>　貢献　>　機会　>　**完成**

❹ 機会

その会社で働くことは、あなたに**どんな機会**を与えてくれますか？

【日本語メモ】

（例）さまざまな背景やニーズを持ったクライアントと一対一で働く機会

【英語メモ】

（例）the opportunity to work one-on-one with clients with a variety of backgrounds and needs

考え方

- 求人広告から読み取れる機会は、採用後、ほぼ確実に得られます。例えば「アジア圏に市場拡大中につき人員募集」という文言があれば、「新しく大規模な市場開拓に携わる機会」が与えられるでしょう。
- ただし、企業のホームページなどからは詳細な情報を得にくいため、
The position I am applying for would give me the opportunity to *do*
（私が応募しているこの仕事は〜する機会を与えてくれるでしょう）と表すのが無難です。

本番まであと2時間!!

サンプルをリピート
ポーズを目印に繰り返し。最後は3文続けてリピート。　🔊 74〜76

The position I am applying for / would give me the opportunity / to work one-on-one with clients / with a variety of backgrounds and needs. （私が応募しているこの仕事では、さまざまな背景やニーズを持ったクライアントと一対一で働く機会があるでしょう）

I truly believe that / such an opportunity would be indispensable for me.
（このような機会は私にとって必要不可欠だと心から信じています）

That's why / I am really excited about this position.
（ですから、この仕事に非常に意欲を感じているのです）

自分のコトバで
各文の文頭に続けて言いましょう。　🔊 77

The position I am applying for would give me the opportunity to _____.

I truly believe that such an opportunity would be indispensable for me.

That's why I am really excited about this position.

伝え方

- opportunity to に続く**機会の内容**をはっきり言いましょう。with の th をカタカナの「ズ」で代用しないよう注意。

⬆ 次はウォーミングアップ(p. 118)へ

期待 > 専門知識 > 貢献 > 機会 > **完成**

113

ウォーミングアップ 🔘 78

会社にとって有望な人物像を上手に演出するコツをつかみましょう。

面接官：Well, Mr. Yano, where do you see yourself in five years?

あなた：

My first goal will be to meet or exceed your expectations in the position I am applying for.

In five years, I would like to have increased my skill level so that I can train others.

I know that there is a lot of work I need to do before that.

I believe that I have the persistence necessary to do so.

For example, I have been studying English for two years since college. This is because I believe English is a necessary tool to be a global citizen.

I have been memorizing 100 new words every week, and taking online English conversation classes.

As a result, I was able to score above 600 on TOEIC. I would like to work with that persistence in this position, too.

面接官：Right. Thank you.

本番まであと2時間!!

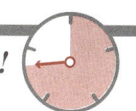

なりきりトレーニング

1. まず全文を通して聞いてみましょう。
2. 音声を再生し、この応募者になったつもりでオーバーラップしましょう。

伝え方

- 自分が頑張ってきたことをアピールするのですから、**自信を持ってはきはき言う**のが鉄則です！
- 細かい部分を間違ってしまっても伏し目にならず、アイコンタクトを忘れずに。**「伝えたい」という熱意**を前面に押し出しましょう！

面接官：では、矢野さん、5年後はどうなっていたいですか？
あなた：私の最初の目標は、応募しているこの仕事で御社の期待に応え、また期待を超える働きをすることです。5年後には他の社員の研修を任されるくらいスキルアップしていたいと思います。その前にやるべきことがたくさんあると了解していますが、私にはそれをこなすために必要な粘り強さがあると自負しています。例を挙げますと、私は大学卒業後2年間、英語を勉強してきました。この理由は、英語はグローバル市民になるために必要な手段だと思うからです。私は毎週単語を新たに100語覚え、オンライン英会話を受講しています。その結果、TOEICで600点を超えるスコアを取れました。この仕事でもそれくらい粘り強く頑張りたいと思っております。
面接官：そうですか。ありがとうございます。

リハーサル

あなたの5年後を伝える台本を作りましょう！

面接官：Well, Mr. Yano, where do you see yourself in five years?

あなた：

My first goal will be to meet or exceed your expectations in the position I am applying for.

In five years, I would like to have increased my skill level so that I can train others.

I know that there is a lot of work I need to do before that.

I believe that I have the persistence necessary to do so.

For example, I have been _____ing _____.

This is because _____.

I _____,
and _____.

As a result, _____.
I would like to work with that persistence in this position, too.

面接官：Right. Thank you.

本番まであと2時間!!

🔴 自主練 🎧 79

1. 面接官が目の前にいるシーンを想像しましょう。
2. 音声を再生し、文頭の音声に続くポーズで自分の台本を読みましょう。台本を見てもかまいません。
3. これを何度か繰り返して全体を覚えましょう。

✓ チェックしよう

☐ 適切な速度で、はきはきと答えましたか？
☐ 前を向いてアイコンタクトするつもりで話しましたか？
☐ 「伝えたい」という熱意を込めて話しましたか？

🐑 本番直前 🎧 80

1. テキストを伏せてください。
2. 音声を再生し、面接官のせりふに続けてあなたの5年後を説明しましょう。文頭が小さな声で聞こえます。英文を忘れたときのヒントにしてください。CDを途中で止めてはいけません。

ウォーミングアップ ▶ リハーサル ▶ OK!

ウォーミングアップ 🔘 81

では、サンプルを通しで聞きます。声のボリュームやスピードをはじめ、落ち着いて自信に満ちた雰囲気をまねしましょう。

面接官：Well, Mr. Yano, where do you see yourself in five years?

あなた：

My first goal will be to meet or exceed your expectations in the position I am applying for.

In addition, I would like to deepen my expertise in this field because I truly enjoy working as a career adviser.

I would like to contribute to the growth of your company and the industry as a whole.

The position I am applying for would give me the opportunity to work one-on-one with clients with a variety of backgrounds and needs.

I truly believe that such an opportunity would be indispensable for me.

That's why I am really excited about this position.

面接官：Right. Thank you.

本番まであと2時間!!

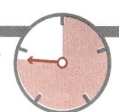

なりきりトレーニング

1 まず全文を通して聞いてみましょう。
2 音声を再生し、この応募者になったつもりでオーバーラップしましょう。

伝え方

- あなたのせりふ4行目のI truly enjoy working as a …はtrulyでしっかりと口角を上げ、仕事を心から楽しく天職のように思っている様子をアピールしましょう。末尾から3行上のI truly believe that such an opportunity would be indispensable for me.も同様に、心から必要を感じていると伝えます。いずれも、手のひらを胸に当てるジェスチャーをしながら言うと説得力が増します。
- 締めくくりのI am really excited about this position.は採用への意欲を伝えるところ。ここもしっかり口角を上げてアイコンタクトしながら言いましょう。
- 気持ちを伝えるためにも、速度は適度に抑えて。早口で言わないよう注意しましょう。

面接官：では、矢野さん、5年後はどうなっていたいですか？
あなた：私の最初の目標は、応募しているこの仕事で御社の期待に応え、また期待を超える働きをすることです。さらに、キャリアアドバイザーとしての仕事を心から楽しんでいるので、この分野での専門知識を深めたいです。御社や業界全体の成長に貢献したいと考えております。私が応募しているこの仕事では、さまざまな背景やニーズを持ったクライアントと一対一で働く機会があるでしょう。このような機会は私にとって必要不可欠だと心から信じています。ですから、この仕事に非常に意欲を感じているのです。
面接官：そうですか。ありがとうございます。

リハーサル

将来をしっかり見据えて、あなたの5年後を伝える台本を作りましょう！

面接官：Well, Mr. Yano, where do you see yourself in five years?

あなた：

My first goal will be to meet or exceed your expectations in the position I am applying for.

In addition, I would like to _____ .

I would like to contribute to _____ .

The position I am applying for would give me the opportunity to _____ .

I truly believe that such an opportunity would be indispensable for me.

That's why I am really excited about this position.

面接官：Right. Thank you.

本番まであと2時間!!

🎤 自主練　　　　　　　　　　　　　　　　　　　　💿 82

1. 面接官が目の前にいるシーンを想像しましょう。
2. 音声を再生し、文頭の音声に続くポーズで自分の台本を読みましょう。台本を見てもかまいません。
3. これを何度か繰り返して全体を覚えましょう。

> ✅ **チェックしよう**
> ☐ 適切な速度で、はきはきと答えましたか？
> ☐ 前を向いてアイコンタクトするつもりで話しましたか？
> ☐ 「伝えたい」という熱意を込めて話しましたか？

👤 本番直前　　　　　　　　　　　　　　　　　　　　💿 83

1. テキストを伏せてください。
2. 音声を再生し、面接官のせりふに続けてあなたの5年後を説明しましょう。文頭が小さな声で聞こえます。英文を忘れたときのヒントにしてください。CDを途中で止めてはいけません。

ウォーミングアップ　＞　リハーサル　＞　OK!　　121

Unit 4　到達度チェックリスト

次の例を参考に、英語であなたの「5年後」を説明できますか？

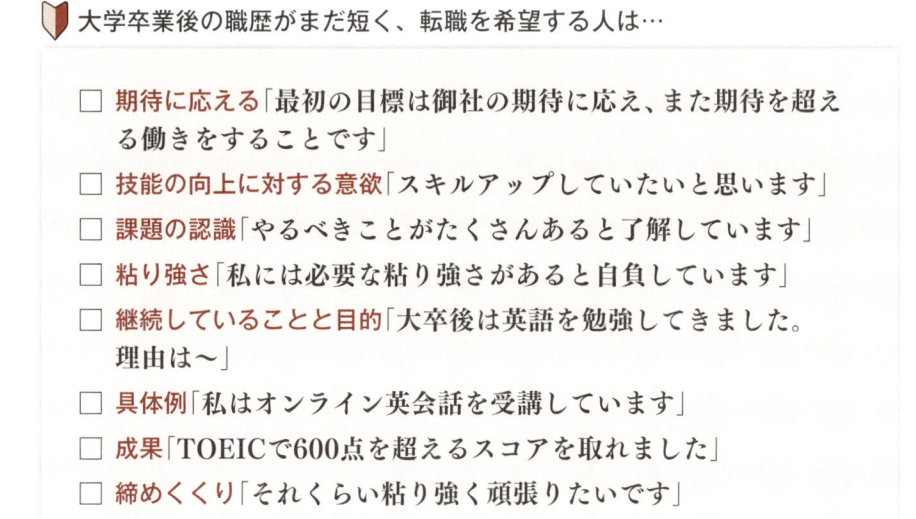

📕 大学卒業後の職歴がまだ短く、転職を希望する人は…

- ☐ **期待に応える**「最初の目標は御社の期待に応え、また期待を超える働きをすることです」
- ☐ **技能の向上に対する意欲**「スキルアップしていたいと思います」
- ☐ **課題の認識**「やるべきことがたくさんあると了解しています」
- ☐ **粘り強さ**「私には必要な粘り強さがあると自負しています」
- ☐ **継続していることと目的**「大卒後は英語を勉強してきました。理由は～」
- ☐ **具体例**「私はオンライン英会話を受講しています」
- ☐ **成果**「TOEICで600点を超えるスコアを取れました」
- ☐ **締めくくり**「それくらい粘り強く頑張りたいです」

いい答え方ができるようになりましたね…！

本番まであと2時間!!

↑ 現職が長く、キャリアアップを目指して転職したい人は…

- ☐ 期待に応える「最初の目標は御社の期待に応え、また期待を超える働きをすることです」
- ☐ 専門知識（同じ分野での転職の場合）
  「この分野での専門知識を深めたいです」
- ☐ 専門知識（異なる分野への転職の場合）
  「私の〜分野での経歴を生かして、〜業の専門知識を身に付けたいです」
- ☐ 貢献への意欲（事業計画をある程度知っている場合）
  「御社の海外事業に貢献したいです」
- ☐ 貢献への意欲（事業計画の事前情報があまりない場合）
  「御社や業界全体の成長に貢献したいです」
- ☐ 機会「この仕事では、さまざまな背景を持つクライアントと働く機会があるでしょう。このような機会は私にとって必要不可欠だと信じています」
- ☐ 締めくくり「この仕事に非常に意欲を感じております」

レッスンも終盤に近づいてきました。最後の１時間では、面接の締めくくりに必ずと言っていいほど尋ねられる質問について、効果的な答え方をマスターします。あと少しで準備万端。頑張りましょう！

あと1時間です。
この調子で！

本番まであと1時間!!

この本での学習もいよいよラストスパートです。これまでは面接官の質問に答えてきましたが、今度はあなたが質問することを求められます。

Unit 5 「何か質問はありますか？」に備える60分

ラスト60分の目標

次の要点を押さえて、英語ですぐに質問できるようになりましょう。

- 「職務明細書にないことは？」
- 「典型的な1日と、1週間の過ごし方は？」
- 「この役職の社内での位置付けは？」
- 「将来どんなことを計画されていますか？」
- 「このグループには何人いらっしゃいますか？」
- 「この部署は2年前に作られたと仰いましたが、それについて詳しく教えていただけますか？」
- 「御社はどんな社風をお持ちですか？」
- 「ここで働いていて、一番お好きなことは？」

（次のページへ続きます）

- ▸「一番成功しているのはどんな方ですか？」
- ▸「新入社員にどのようなアドバイスが
 おありですか？」
- ▸「ここで働くことに決めたきっかけは？」
- ▸「この仕事にとても興味があるということを、
 もう1度言わせてください。また、次へと進めて
 いただけますよう願っております」
- ▸「この次にはどのような段階へ進む
 予定でしょうか？」

質問の意図を知る

Do you have any questions?(何か質問はありますか？)またはAre there any questions you'd like to ask us?(何か私どもにお聞きになりたいことはありますか？)——このように聞かれると面接はそろそろ終わりです。ほっとするかもしれませんが、最後まで気を抜かずに頑張りましょう。それまでどんなにいい受け答えをしていても、この質問で失敗すると評価が下がります。そしてそれは、面接官が持って帰る「あなたの最終的な印象」になるのです。

本番まであと1時間!!

NO! 言ってはいけない！

× "No, I don't have any questions."
(いいえ、何も質問はありません)

× "How old are you?"
(おいくつですか？)

× "Are you married?"
(ご結婚なさっていますか？)

× "How many children do you have?"
(お子さんは何人いらっしゃいますか？)

× "What does this company do?"
(この会社は何をしているのですか？)

× "How old is this company?"
(この会社は創業してどれくらいになりますか？)

仮に面接官が非常に冗舌で、「もう聞くことはない」と思うくらい十分話してくれたとしても、何も質問しないとあなたの興味と熱意が伝わりません。だからといって、面接官のプライバシーにかかわる情報を聞くのはNG。また、会社のホームページや募集要項などから簡単にわかることを尋ねるのは、リサーチ不足を自ら明かすようなものです。

× "How much would I be paid?"
（私のお給料はおいくらいただけそうですか？）

× "Do you cover medical and dental insurance?"
（医療保険や歯科保険はありますか？）

× "How many days' vacation / paid leave would I get?"
（休暇／有給休暇は何日いただけますか？）

× "Can I work flexible hours?"
（フレックス時間制で働いてもいいですか？）

給料や休暇、保険などについては採用の連絡が来てから詳しく教えてもらえます。面接で尋ねるのは避けておくのが無難でしょう。

では、どんな質問が望ましいのでしょうか？

本番まであと1時間!!

ここが大事

"Do you have any questions?"（何か質問はありますか？）と問われたら……

- ●面接官の意図は：「あなたがこの仕事に**本当に**興味と熱意があるか」を**最終確認**することです。
- ●答えるコツは　：質問を**事前に幾つか用意**しておき、そのうち「**面接中に触れられていないこと**」を尋ねるのがポイントです。

こう組み立てる

3つのタイプの質問を次の順にするよう心掛けましょう。（ただし、面接の残り時間によっては1つ目か2つ目で打ち切る必要も出てきます。臨機応変に対応しましょう！）

❶ まず、**応募中の仕事や会社**に関して質問する。

❷ 次に、社風や働き方などに関して**面接官の意見**を尋ねる。

❸ 最後にあなたの**熱意を強調**し、**次のステップ**に関して質問する。

129

エクササイズ

❶ 仕事や会社に関して詳しく尋ねる

> 以下から面接中に触れられていない話題を1つ選びましょう。

サンプルをリピート　　🔘 84〜89

日本語音声に続けて英文が聞こえます。英文のポーズまでをひといきに言うつもりで、1度に言う箇所を徐々に長くしながら繰り返しましょう。

❶（トラック84）

「職務明細書にないことで、この仕事について何か教えていただけることはありますか？」

What can you tell me / about this job / that isn't in the job description?

❷（トラック85）

「この仕事に就いている方の典型的な1日と、1週間の過ごし方を教えていただけますか？」

What is a typical day and week / for a person in this job?

❸（トラック86）

「この [役職｜部署｜課] は社内でどのような位置付けにありますか？」

Where does this [position | department | section] / fit in the company?　　※ [　] 内の語を適宜使い分けましょう。

本番まであと1時間!!

❹ (トラック87)

「この仕事では将来どんなことを計画されていますか？」
What are the future plans / for this job?

❺ (トラック88)

「このグループには何人いらっしゃいますか？」
How many people / are in this group?
※groupを別の語句に適宜変えて言いましょう。

❻ (トラック89)

「この部署は2年前に作られたと仰(おっしゃ)いましたが、それについて詳しく教えていただけますか？」
You mentioned that / this department was set up / two years ago. / Could you please / elaborate on that?
※department、two yearsを別の語句に適宜変えて言いましょう。

クイックレスポンス　　　　　　　　　　🔘 90

① テキストを伏せてください。

② 音声を再生すると、日本語が順不同に聞こえます。当てはまる英文をすぐに言いましょう。CDを途中で止めてはいけません。正解が聞こえたらタイムリミット。

| 仕事・会社の詳細は？ | 面接官の意見は？ | 念押しと確認 | 完成 |

❷ 面接官の意見を尋ねる

以下から面接中に触れられていない話題を1つ選んで、面接官がどう考えているかを尋ねましょう。

サンプルをリピート　　　　　　　　　　　　　91〜95

日本語音声に続けて英文が聞こえます。英文のポーズまでをひといきに言うつもりで、1度に言う箇所を徐々に長くしながら繰り返しましょう。

❶ （トラック91）
「御社はどんな社風をお持ちだとお考えになりますか？」
How would you describe / the company culture?

❷ （トラック92）
「ここで働いていて、一番お好きなことは何ですか？」
What do you like best about / working here?

❸ （トラック93）
「この会社で一番成功しているのはどんな方か、教えていただけますか？」
How would you describe / the most successful person / at this company?

本番まであと1時間!!

❹（トラック94）
「新入社員に対してどのようなアドバイスがおありですか？」
What advice do you have / for new hires?

❺（トラック95）
「どんなきっかけで、ここで働くことを決心されたのですか？」
What made you decide / to work here?

クイックレスポンス　　　◉ 96

① テキストを伏せてください。

② 音声を再生すると、日本語が順不同に聞こえます。当てはまる英文をすぐに言いましょう。CDを途中で止めてはいけません。正解が聞こえたらタイムリミット。

仕事・会社の詳細は？ ▶ 面接官の意見は？ ▶ 念押しと確認 ▶ 完成　　133

❸ 最後に熱意でひと押しし、次にすることを確認する

> 前出2タイプの質問で、あなたの興味が伝わったはず。最後にあなたの熱意を強調し、次のステップを確認して締めくくります。

サンプルをリピート　　　　　　　　　　97〜98

日本語音声に続けて英文が聞こえます。英文のポーズまでをひといきに言うつもりで、1度に言う箇所を徐々に長くしながら繰り返しましょう。

❶ (トラック97)

「この仕事にとても興味があるということを、もう1度言わせてください。また、次へと進めていただけますよう願っております」
Let me just say again that / I am very much interested in this position, / and I hope we can move forward.

❷ (トラック98)

「この次にはどのような段階へ進む予定でしょうか？」
What is the next step / in this process?

クイックレスポンス　　　　　　　　　　99

1 テキストを伏せてください。

2 音声を再生すると、日本語が順不同に聞こえます。当てはまる英文をすぐに言いましょう。CDを途中で止めてはいけません。正解が聞こえたらタイムリミット。★今回は、前出2タイプからも幾つかの文が混ざります。

仕事・会社の詳細は？ ＞ 面接官の意見は？ ＞ 念押しと確認 ＞ 完成

本番まであと1時間!!

Unit 5 到達度チェックリスト

次の質問が英語ですぐに言えますか？

仕事や会社に関して詳しく尋ねる

- □「職務明細書にないことで、この仕事について何か教えていただけることはありますか？」
- □「この仕事に就いている方の典型的な1日と、1週間の過ごし方を教えていただけますか？」
- □「この[役職｜部署｜課]は社内でどのような位置付けにありますか？」
- □「この仕事では将来どんなことを計画されていますか？」
- □「このグループには何人いらっしゃいますか？」
- □「この部署は2年前に作られたと仰いましたが、それについて詳しく教えていただけますか？」

面接官の意見を尋ねる

- □「御社はどんな社風をお持ちだとお考えになりますか？」
- □「ここで働いていて、一番お好きなことは何ですか？」
- □「この会社で一番成功しているのはどんな方か、教えていただけますか？」
- □「新入社員に対してどのようなアドバイスがおありですか？」
- □「どんなきっかけで、ここで働くことを決心されたのですか？」

（次のページへ続きます）

最後に熱意でひと押しし、次にすることを確認する

> ☐ 「この仕事にとても興味があるということを、もう1度言わせてください。また、次へと進めていただけますよう願っております」
> ☐ 「この次にはどのような段階へ進む予定でしょうか？」

いずれの質問についても、答えてもらったらその都度 "Thank you."（ありがとうございます）と感謝の言葉を忘れずに返しましょう。

ゴールインおめでとうございます！ これで面接直前5時間のコースは終了です。本番では緊張するかもしれませんが、これまでの準備を思い出して自信を持ちましょう。

無事に面接が終わったら、ゆっくり休みたいですよね。でも、次のページを参考に、できるだけその日のうちに面接官へお礼のメールを送ってください。

では、あなたの成功をお祈りしています！

「お疲れさま!」その前に…

面接が終わったら「お礼メール」を書いてからくつろいで

下の例を参考に、黒字の箇所を変えて書いてください。/ の前後では状況に合わせて単語を選びましょう。スペルミスにはくれぐれも気を付けて!

Good afternoon/evening Mr./Ms. McDonald.

Thank you so much for taking the time to interview me today. It was a pleasure meeting you, and I'm very excited about the possibility of joining ABC Company. As discussed, I believe my communication skills and study abroad experience would serve me well in developing new overseas networks for the company.

I look forward to hearing from you about the next steps in the hiring process, and please do not hesitate to contact me by email (myano@xx.yy.com) or by phone at 123-4567-8901 for any additional information you may require.

Best regards,
Masao Yano

マクドナルドさん、こんにちは / こんばんは。本日は面接にお時間をいただき、誠にありがとうございました。お会いできて光栄でしたし、ABC 社で働ける可能性について大変うれしく思っております。お話しさせていただきましたように、私の持つコミュニケーション力と留学経験を御社の新しい海外ネットワーク構築に役立たせることができると思います。採用までの今後の流れについてお聞きすることを楽しみにしています。追加情報が必要でしたらご遠慮なさらずに、メール (myano@xx.yy.com) か電話 123-4567-8901 までご連絡くださいますようよろしくお願い申し上げます。

敬具　矢野正雄

表現のヒントが すぐ見つかる！ 機能別フレーズ集

ブレーンストーミングで表現に迷ったら、ここからのページを参考に。
本編で取り上げたフレーズを含むさまざまな例を挙げています。
／で区切られた箇所では、前後にあるいずれかの語句を使います。
音声（リピート用のポーズ入り）はこちらの URL でダウンロードできます。

➡ http://www.alc.co.jp/dl/

「自己紹介してください」　職歴が短い人向き

1. これまでの活動　DL↓01

「私は（大学）で（消費者心理学／経済学／経営学／英文学）を学びました」

- I studied consumer psychology / economics / business administration / English literature at college.

「私は（外国人観光客）向けの（ボランティアガイド）として（ひと夏）働いたことがあります」

- I worked as a volunteer guide for foreign tourists one summer.

「私は(外国人観光客)向けの(ボランティアガイド)としてずっと働いています」

- I have been working as a volunteer guide for foreign tourists.

「この(3年)間、仕事の後は(地域)での(ボランティア活動)をしています」

- I have been doing volunteer activities in the local community after work for three years.

「私は(短期大学)の在学中に(レストラン)でアルバイトをしました」

- I worked part-time at a restaurant while at junior college.

「自己紹介してください」

2. 体験したこと、学んだこと　DL 02

「授業を幾つか取って、(口頭および書面で顧客と効率的にやり取りする)方法を学ぶことができました」

- I took several classes in which I was able to learn how to effectively communicate with customers both orally and in writing.

「(多くの団体旅行客)を案内し、(口頭で、またジェスチャーを使いながら、うまく英語でやり取りする)方法を学びました」

- I guided many tourist groups and learned how to effectively communicate in English orally and by using gestures.

「(グローバル経済)への理解を深める助けになるゼミを取りました」

- I took a seminar class that helped me to deepen my understanding of the global economy.

3. 興味を持ったこと　　DL↓03

「そのような授業を通して、(顧客サービス)の分野で働くことに興味を持つようになりました」

- Through those classes, I came to be interested in a career in customer service.

「この経験を通して、(マーケティング／営業／製造業／企画・調整)の分野で働くことに興味を持つようになりました」

- Through this experience, I came to be interested in a career in marketing / sales / manufacturing / planning and coordination.

4. さらに実行していること　　DL↓04

「それに加えて、現在の職場で(顧客サービス)についての研修に参加しています」

- In addition, I have been attending workshops on customer service at my current workplace.

次のページへ続く➡

「自己紹介してください」

4. さらに実行していること

「それに加えて、(業界紙・業界誌)を読み、この業界の最新ニュースをチェックしています」

- In addition, I have been reading industry journals and checking the latest news in this field.

「また、私は(週末に)外出して(さまざまな店)の(顧客サービス)を実地調査しています」

- Also, I go out on weekends to observe customer service in practice at various shops.

「また、私は(時間があるときに／週末に)市場調査を行っています」

- Also, I do market research in my free time / on weekends.

「また、私は(時間があるときに／週末に)業界調査を行っています」

- Also, I do industry marketing research in my free time / on weekends.

5. 応募動機

「私は特に（グローバル企業）の（顧客サービス）で働くことに興味がありますので、このお仕事の機会に大変意欲を感じております」

- I'm especially interested in working in customer service at a global company, so I'm particularly excited about this opportunity.

「私は（中国の）市場を開拓したく思っていますので、（このチームの一員となる）ことに特に興味を感じています。そういった理由で、今回のお仕事の機会には大変意欲を感じております」

- I'm especially interested in becoming part of the team hoping to open up the Chinese market. That's why I'm particularly excited about this opportunity.

「（海外事業）を展開中の会社で（販売）にぜひ携わりたいので、このお仕事にとても興味があります」

- I'm eager to work in sales at a company developing overseas business, so I'm really interested in this position.

「自己紹介してください」

職歴が長い人向き

1. 現職にある期間　DL↓06

「私は（顧客サービス／教育／建設）に携わって（7年）になります」

- I have been in customer service / education / construction for seven years.

「直近では、（広告の新キャンペーン）を担当しました」

- Most recently, I was in charge of a new advertising campaign.

2. 業績や経験　DL↓07

「直近では（2年）連続で（最優秀顧客サービス賞）を受賞しました。また私たちのチームは過去（3年）で（顧客満足度）を（20）パーセント上昇させました」

- Most recently, I was awarded the Best Customer Service Award for the second year in a row. In addition, our team has increased customer satisfaction levels by 20 percent over the past three years.

「私は過去(5年)間で(3)回、(最優秀販促賞)を受賞しました」

- I have received the Best Promotion Award three times in the past five years.

「私は(顧客のニーズ)を(キャンペーン)に反映することができました」

- I was able to reflect customer needs in the campaign.

「私たちのチームは(昨年)、経費を半減することができました」

- Our team was able to cut expenditures by half last year.

「私たちの部署は(昨年)、経費の(20)パーセント削減に成功しました」

- Our department successfully cut expenditures by 20 percent last year.

「自己紹介してください」

3. 応募動機　　DL↓08

「私は特に(グローバルな環境)でさらに責任を引き受けていきたいと考えております」

- I am ready to take on more responsibility, especially in a global context.

「私は(さらに大きな)プロジェクトに取り組む心構えができています」

- I am ready to work on bigger projects.

「ですから、このお仕事に意欲を感じております」

- That's why I am interested in this position.

「あなたの強みは何ですか？」

1. 最大の強み　DL 09

「私の強みの1つは、(細かいところによく目が行き届くこと)です」
- One of my strengths is my great attention to detail.

「私の強みの1つは(分析力)だと自負しております」
- I believe one of my strengths is my analytical skills.

「私は常に(チームの一員)として良い働きをしています」
- I have always been a good team player.

「私が身に付けてきた強みの1つは(問題解決力)です」
- One of the strengths I have acquired is problem-solving skills.

「あなたの強みは何ですか？」

2. 現在（または以前）の任務を説明　DL 10

「現職では（クライアント）に見せる（プレゼンテーション資料）の準備を任されています」

- In my current job, I am in charge of preparing the presentation materials to show to our clients.

「前職では、（従業員を指導し助言すること）を任されました」

- In my previous job, I was in charge of coaching and counseling employees.

「現職では、（海外のクライアント）に連絡を取り、（クライアント）と（請負業者）の仲介役として働いています」

- In my current job, I contact overseas clients and act as a liaison between clients and contractors.

「私は現在の職場で、(10)名から成る（在庫管理）チームの責任者を務めています」

- In my current workplace, I am in charge of a 10-person inventory control team.

3. 心掛け（6も参照） DL↓11

「(プレゼンテーションを行う)前には(資料をしっかり見直す)よう常に心掛けています」

- I always make sure to thoroughly review the materials before making a presentation.

4. 成果 DL↓12

「そうすることで、(重要なクライアント)との商談をまとめることができました」

- By doing so, I was able to close a deal with important clients.

「そうすることで(同僚とクライアント)の信頼を得て、(昨年)私たちは(契約数)を2倍／3倍に増やすことができました」

- By doing so, I have been able to earn the trust of my colleagues and clients, and we were able to double/triple the number of our contracts last year.

「あなたの強みは何ですか？」

5. もう1つの強み　DL 13

「私は（人とコミュニケーションすること）も得意です」

- I also have excellent communication skills.

「私には（創造力／信頼感／頼りがい／時間に対する厳密さ）もあります」

- I am also creative / trustworthy / reliable / punctual.

6. もう1つの心掛け（3も参照）＆締めくくり　DL 14

「私は（クライアントの話を注意深く聞いて、適切な応答をする）よう常に心掛けています」

- I make it a point to carefully listen to our clients and respond appropriately.

「私は1度も遅刻したことがありません」

- I have never been late for anything.

「私は(大きな決断を下す)前に、(チームの仲間)に必ず相談することにしています」

- I make it a point to consult with team members before making a big decision.

「このような能力があるので、私はこの仕事に適材だと思います」

- With these skills, I believe I am well suited for this position.

「このような能力があるので、私はこの仕事の適任者だと思います」

- With these skills, I believe I am a good fit for this position.

「一番の弱点は何ですか？」

1. かつての弱点　　DL 15

「私は以前、(時間管理／時間を管理すること)が苦手でした」

- I have had problems in the past with time management.
- I have had problems in the past managing my time.

「以前は(人前でスピーチする)力に問題がありました」

- I have had problems in the past with my public speaking skills.

「以前は(細部に気を取られすぎて)、期限通りにプロジェクトを完成できないことが時々起こりました」

- In the past, I sometimes focused too much on details and could not finish projects on time.

2. 問題の発生状況　DL 16

「(あまりにも多くのプロジェクト)を一度に抱えていたときに、時々問題が生じることがありました」

- **The problem occasionally surfaced when I had too many projects at one time.**

「(多くの聴衆の前で話す)必要に迫られたときに、時々問題が生じることがありました」

- **The problem occasionally surfaced when I had to talk in front of large audiences.**

「複数の仕事をこなしながら(大学)へ通っていたときに、時々問題が生じました」

- **The problem sometimes occurred when I was in college working multiple jobs.**

「(かなり大きなチーム／自分にとって初のプロジェクト)で働いていたときに、問題に直面しました」

- **I faced the problem when I was working on a very large team / my first project.**

「一番の弱点は何ですか？」

3. 対策法　　DL 17

「自分のためになっていないと気付いたので、(常にプロジェクトの優先順位を決め、1つ1つスケジュール帳に書き出して、終わったものから消していく)ことにしました」

- I realized that it was not working for me, so I started to always prioritize my projects and write each one down on my schedule and delete it once I finish it.

「自分のためになっていないと気付いたので、(何回もリハーサルをし、スピーチを行う前に必ず深呼吸をしました)」

- I realized that it was not working for me, so I rehearsed many times and always took deep breaths before making a speech.

「予定より遅れていると気付いたので、(やるべきことを週割りおよび日割りでリスト化しました)」

- I realized that I was behind schedule, so I made weekly and daily to-do lists.

「予定の再調整が必要と気付いたので、(やるべきことをシステム手帳に色別で書き出しました)」

- I realized that I needed to reorganize my schedule, so I wrote down the things to do in my day planner in different colors.

4. 対策の結果　　DL 18

「その結果、今では(多くのプロジェクトが重なっても)常に落ち着いて対処できますし、めったに間違えなくなりました」

- As a result, now I am always in control when I have multiple projects, and I rarely make mistakes.

「その結果、今では(短期の販売計画を立てるときに)決して全体像を見失わなくなりました」

- As a result, now I never lose sight of the big picture when I think of short-term sales plans.

「5年後はどうなっていたいですか？」

1. 期待に応える　DL↓19

「私の最初の目標は、応募しているこの仕事で御社の期待に応え、また期待を超える働きをすることです」

- My first goal will be to meet or exceed your expectations in the position I am applying for.

2. 技能の向上に対する意欲　DL↓20

「(5)年後には他の社員の研修を任されるくらいスキルアップしていたいと思います」

- In five years, I would like to have increased my skill level so that I can train others.

3. 課題の認識　　DL 21

「その前にやるべきことがたくさんあると了解しています」

- I know that there is a lot of work I need to do before that.

4. 粘り強さをアピール　　DL 22

「私にはそれをこなすために必要な粘り強さがあると自負しています」

- I believe that I have the persistence necessary to do so.

5. 継続していること&目的　　DL 23

「例を挙げますと、私は(大学卒業後2年間、英語を勉強して)きました。この理由は、(英語はグローバル市民になるために必要な手段だと思う)からです」

- For example, I have been studying English for two years since college. This is because I believe English is a necessary tool to be a global citizen.

「5年後はどうなっていたいですか？」

6. 具体例　　DL↓24

「私は毎週（単語を新たに100語覚え）、（オンライン英会話）を受講しています」

- I have been memorizing 100 new words every week, and taking online English conversation classes.

「私は（TOEIC テスト）をほぼ毎月受験してきました」

- I have taken the TOEIC test almost every month.

7. 成果&締めくくり　　DL↓25

「その結果、（TOEIC で600点を超えるスコアを取る）ことができました」

- As a result, I was able to score above 600 on TOEIC.

「その結果、今では英語の（業界紙・業界誌）を読んで理解できるようになりました」

- As a result, now I can read and understand industry journals in English.

「今では（社会問題）を英語で議論できます」
- Now I can discuss social issues in English.

「今では（海外のクライアント）と英語でやり取りできます」
- Now I can communicate with overseas clients in English.

「この仕事でもそれくらい粘り強く頑張りたいと思っております」
- I would like to work with that persistence in this position, too.

「5年後はどうなっていたいですか？」

1. 期待に応える　　DL 26

「私の最初の目標は、応募しているこの仕事で御社の期待に応え、また期待を超える働きをすることです」

- My first goal will be to meet or exceed your expectations in the position I am applying for.

2.（同じ分野での転職の場合）専門知識の追究　　DL 27

「さらに、（キャリアアドバイザー）としての仕事を心から楽しんでいるので、この分野での専門知識を深めたいです」

- In addition, I would like to deepen my expertise in this field because I truly enjoy working as a career adviser.

2. (異なる分野への転職の場合)新知識の習得 DL↓28

「さらに、私の(教職)分野での経歴を生かして、(コンサルティング)業の専門知識を身に付けたいと思っております」

- In addition, I would like to develop expertise in the field of consulting using my background in teaching.

3. 貢献への意欲 DL↓29

「御社の(海外事業)に貢献したいと考えております」

- I would like to contribute to your company's overseas operations.

「御社や業界全体の成長に貢献したいと考えております」

- I would like to contribute to the growth of your company and the industry as a whole.

「5年後はどうなっていたいですか？」

4. 機会とその大切さ　DL↓30

「私が応募しているこの仕事では、(さまざまな背景やニーズを持ったクライアント)と一対一で働く機会があるでしょう」

- The position I am applying for would give me the opportunity to work one-on-one with clients with a variety of backgrounds and needs.

「私が応募しているこの仕事では、(新しい地域)での市場の可能性を明らかにする機会があるでしょう」

- The position I am applying for would give me the opportunity to identify market potential in new areas.

「このような機会は私にとって必要不可欠だと心から信じています。ですから、この仕事に非常に意欲を感じているのです」

- I truly believe that such an opportunity would be indispensable for me. That's why I am really excited about this position.

「何か質問はありますか？」

1. 仕事や会社に関して　DL 31

「職務明細書にないことで、この仕事について何か教えていただけることはありますか？」

- What can you tell me about this job that isn't in the job description?

「この仕事に就いている方の典型的な1日と、1週間の過ごし方を教えていただけますか？」

- What is a typical day and week for a person in this job?

「この(役職／部署／課)は社内でどのような位置付けにありますか？」

- Where does this position / department / section fit in the company?

「この仕事では将来どんなことを計画されていますか？」

- What are the future plans for this job?

次のページへ続く ➡

「何か質問はありますか？」

1. 仕事や会社に関して

「この(グループ)には何人いらっしゃいますか？」

- How many people are in this group?

「この(部署)は(2年)前に作られたと仰いましたが、それについて詳しく教えていただけますか？」

- You mentioned that this department was set up two years ago. Could you please elaborate on that?

2. 面接官の意見を求めて

「御社はどんな社風をお持ちだとお考えになりますか？」
- **How would you describe the company culture?**

「ここで働いていて、一番お好きなことは何ですか？」
- **What do you like best about working here?**

「この会社で一番成功しているのはどんな方か、教えていただけますか？」
- **How would you describe the most successful person at this company?**

「新入社員に対してどのようなアドバイスがおありですか？」
- **What advice do you have for new hires?**

「どんなきっかけで、ここで働くことを決心されたのですか？」
- **What made you decide to work here?**

「何か質問はありますか？」

3. 最後にひと押し&確認　　DL↓33

「この仕事にとても興味があるということを、もう1度言わせてください。また、次へと進めていただけますよう願っております」

- Let me just say again that I am very much interested in this position, and I hope we can move forward.

「この次にはどのような段階へ進む予定でしょうか？」

- What is the next step in this process?

あと5 基本マナー・自己紹介

あと4 強みは？

あと3 弱点は？

あと2 5年後は？

あと1 質問は？

フレーズ集

「しごとのミニマム英語」シリーズ⑤
英語の面接　直前5時間の技術

発　行　日	2015年10月20日（初版）
	2023年 5 月23日（第3刷）
著　　　者	花田七星
編　　　集	株式会社アルク 出版編集部

英文校正　Margaret Stalker、Peter Branscombe
校正　挙市玲子
アートディレクション　山口桂子
本文デザイン　　株式会社 創樹
本文イラスト　　矢戸優人
撮　　影　　村川荘兵衛
ナレーション　　Howard Colefield、Nancy Reed Imai、桑島三幸
録音・編集　　株式会社メディアスタイリスト
CDプレス　　株式会社 プロスコープ
DTP　　　　　株式会社 創樹
印刷・製本　　シナノ印刷株式会社

発　行　者　天野智之
発　行　所　株式会社アルク
　　　　　　〒102-0073 東京都千代田区九段北4-2-6 市ヶ谷ビル
　　　　　　Website：https://www.alc.co.jp/

落丁本、乱丁本は弊社にてお取り替えいたしております。
Webお問い合わせフォームにてご連絡ください。
https://www.alc.co.jp/inquiry/

本書の全部または一部の無断転載を禁じます。著作権法上で認められた場合を除いて、本書からのコピーを禁じます。
定価はカバーに表示してあります。
製品サポート：https://www.alc.co.jp/support/

©2015 Nanaho Hanada / ALC PRESS INC.
Printed in Japan.
PC：7015062
ISBN：978-4-7574-2658-0

地球人ネットワークを創る

アルクのシンボル
「地球人マーク」です。